人力资源信息化建设与档案管理

丁伟杰　紫树梁　郭利新　主编

哈尔滨出版社

图书在版编目（CIP）数据

人力资源信息化建设与档案管理 / 丁伟杰, 紫树梁, 郭利新主编. — 哈尔滨：哈尔滨出版社, 2023.6
ISBN 978-7-5484-7363-3

Ⅰ.①人… Ⅱ.①丁…②紫…③郭… Ⅲ.①人力资源管理—信息化建设②档案管理 Ⅳ.①F243②G270.7

中国国家版本馆CIP数据核字(2023)第118553号

书　　名：人力资源信息化建设与档案管理
RENLI ZIYUAN XINXIHUA JIANSHE YU DANGAN GUANLI

作　　者：丁伟杰　紫树梁　郭利新　主编
责任编辑：杨浥新
封面设计：刘梦杳

出版发行：哈尔滨出版社（Harbin Publishing House）
社　　址：哈尔滨市香坊区泰山路82-9号　　邮编：150090
经　　销：全国新华书店
印　　刷：廊坊市海涛印刷有限公司
网　　址：www.hrbcbs.com
E-mail：hrbcbs@yeah.net
编辑版权热线：（0451）87900271

开　　本：787mm×1092mm　1/16　　印张：10　　字数：174千字
版　　次：2023年6月第1版
印　　次：2023年6月第1次印刷
书　　号：ISBN 978-7-5484-7363-3
定　　价：68.00元

凡购本社图书发现印装错误，请与本社印制部联系调换。
服务热线：（0451）87900279

前　言

当今社会已进入信息化时代，信息技术的快速发展以及广泛应用，对各个领域的发展进步产生了极为重要的影响。在当前环境下，人力资源档案管理信息化发展，已成为一种必然趋势。同时，加强人力资源信息化建设与档案管理，也是在现代社会经济环境下人力资源管理的必然要求。

本书以"人力资源信息化建设与档案管理"为题，探讨相关内容。从人力资源的基础概念与其发展脉络入手，简单介绍了人力资源管理的基础，逐步向人力资源开发、人力资源管理的信息化建设过渡，最后对人力资源档案的管理和信息化发展进行了介绍。

本书体系完整，层次清晰，借助通俗易懂的语言、系统明了的结构，全面地介绍了人力资源与档案管理的理论、信息化发展；紧跟时代发展，满足用户不断更新的需求，利用科学技术，进一步推动人力资源信息化建设与档案管理工作的可持续发展。本书可供广大人力资源与档案管理从业人员、高校师生与知识爱好者阅读使用，有一定的参考价值。

笔者在写作的过程中，得到了许多专家、学者的帮助和指导，在此表示诚挚的谢意。由于笔者水平有限，书中所涉及的内容难免有疏漏之处，希望各位读者多提宝贵意见，以便笔者进一步修改，使之更加完善。

目 录

第一章 人力资源及其发展 ... 1

第一节 人力资源的概述 ... 1
第二节 人力资源管理概述 ... 4
第三节 人力资源的规划 ... 14
第四节 人力资源的运行与发展 ... 17

第二章 人力资源开发与信息化建设 ... 21

第一节 人力资源开发程序 ... 21
第二节 人力资源的职业生涯管理 ... 32
第三节 信息化在人力资源开发中的作用 ... 46
第四节 人力资源信息化建设及其完善 ... 48

第三章 数字时代人力资源信息化建设 ... 57

第一节 信息技术在人力资源管理中应用的积极作用 ... 57
第二节 人力资源管理数字化转型 ... 59
第三节 人力资源管理中人工智能技术应用 ... 66
第四节 人力资源管理中机器学习技术应用 ... 76

第四章　人力资源档案管理 ·············· 80

第一节　档案的演变与工作内容 ············ 80

第二节　档案与人力资源 ·············· 95

第三节　人力资源档案管理工作优化 ·········· 106

第四节　人力资源新趋势下人事档案管理优化路径 ···· 108

第五节　人力资源管理与档案管理信息系统构建 ····· 110

第五章　人力资源和社会保障局档案管理策略 ······· 115

第一节　人力资源和社会保障局档案管理发展趋势 ···· 115

第二节　人力资源和社会保障局的档案整理方法 ····· 120

第三节　人力资源和社会保障局档案管理信息化发展 ··· 125

第六章　人力资源档案管理信息化发展 ·········· 127

第一节　人力资源档案管理信息化的影响因素 ····· 127

第二节　人力资源档案管理信息化建设高质量发展 ···· 129

第三节　人力资源档案管理大数据管理模式 ······ 132

结束语 ························ 149

参考文献 ······················· 150

第一章 人力资源及其发展

人力资源是指在一个国家或地区中，处于劳动年龄、未到劳动年龄和超过劳动年龄但具有劳动能力的人口之和。本章对人力资源的概述、人力资源的管理、人力资源的规划、人力资源的运行与发展进行论述。

第一节 人力资源的概述

一、人力资源的含义与性质

（一）人力资源的含义

随着人类的发展，人们对人力资源的理解各有不同，归纳总结后得出以下含义：

第一，人力资源是指能够推动整个经济和社会发展的劳动者的能力，即处在劳动年龄的已直接投入建设和尚未投入建设的人口的能力。

第二，人力资源是人类可用于生产产品或提供各种服务的能力、技能和知识。

第三，人力资源是指包含在人体内的一种生产能力，它是表现在劳动者的身上、以劳动者的数量和质量表示的资源，对经济起着生产性的作用，并且是企业经营中最活跃、最积极的生产要素。

第四，人力资源是指劳动过程中可以直接投入的体力、智力、心力总和及其形成的基础素质，包括知识、技能、经验、品性与态度等身心素质。

第五，人力资源是指一定社会区域内所具有的劳动能力的适龄劳动人口和超过劳动年龄的人口的总和。

第六，人力资源是指组织的内部成员及外部的客户等人员，即可以为组织提供直接或潜在服务及有利于组织实现预期经营效益的人员的总和。

第七，人力资源是指能够推动社会和经济发展的具有智力和体力劳动能力的人的总称。

第八，人力资源是指人拥有的知识、技能、经验、健康等"共性化"要素和个性、兴趣、价值观、团队意识等"个性化"要素以及态度、努力、情感等"情绪化"要素的有机结合。

（二）人力资源的性质

1.社会性与时效性

人力资源是以人为载体，表现为人的智力和体力，与人的生命周期是紧密相连的。人具有社会属性，工作年限也有时效性，因此人力资源具有社会性与时效性。唯有前瞻性、有计划与适时地运用人力资源，才能发挥人力资源的作用。

2.可开发性与能动性

人力资源具有可开发性，教育和培训就是其主要手段，也是人力资源的重要职能。人力资源开发具有投入少、产出大的特点。人力资源是效益最高的投资领域。人力资源由于它的再生性，具有无限开发的潜能与价值。人力资源的使用过程也是开发过程，可以连续不断地开发与发展。

人力资源是劳动者所具有的能力，而人总是有目的、有计划地使用自己的智力和体力，这也是人和其他动物的本质区别。在价值创造过程中，人力资源总是处于主动的地位，是劳动过程中最积极、最活跃的因素。

3.可变性

人力资源在使用过程中发挥作用的程度可能会有所变动，从而具有一定的可变性。人力资源是人所具有的智力和体力，它必须以人为载体，因此人力资源的使用就表现为人的劳动过程，而人在劳动过程中又会因为自身心理状态不同影响到劳动的效果。

人力资源作用的发挥具有一定的可变性，在相同的外部条件下，人力资源创造的价值大小可能会不同；人力资源的可变性还表现在人力资源生成的可控性。人力资源的生成不是自然而然的过程，需要人们有组织、有计划地培养与开发。

二、人力资源的作用

（一）推动经济发展

人力资源是推动经济发展的主要力量，社会经济发展对人力资源的依赖程度也越来越高。人力资源随着时间的推移，可以使劳动者自我丰富、自我更新和自我发展；同时，通过劳动者的品性、能力、操作技能和工艺水平的提高，可增进对物质资本的利用率，提高其产值，人力资源和人力资本的不断发展和积累直接推动物质资本的不断更新和发展。

人力资源对经济发展有巨大推动作用，目前世界各国都非常重视本国的人力资源开发和建设，力图通过不断提高人力资源的质量来实现经济和社会的快速发展。注重人力资源能力的开发和培育，注重人力资源能力建设及其充分正确发挥，已成为把握机遇、应对新挑战，借以实现科技进步，实现经济和社会发展的关键。

（二）树立企业的首要资源地位

企业是各种资源的集合，是构成社会经济系统的细胞单元，是社会经济活动中最基本的经济单位之一，是价值创造最主要的组织形式。企业的出现，是生产力发展的结果，而它反过来又极大提高了生产力水平。

企业要想正常运转，就必须投入各种资源，而在企业投入的各种资源中，人力资源是第一位的，是首要的资源；人力资源的存在和有效利用能够充分地激活其他物化资源，从而实现企业的目标。21世纪是知识经济时代，是全球经济一体化的时代，是高新技术的时代，是竞争的时代。人力资源是知识经济时代的第一资源，人力资源还是企业生存和发展的必备资源。猎取稀缺的第一资源——人力资源，是各级各类组织发展的当务之急。企业必须对人力资源引起足够的重视，创造各种有利的条件以保证其作用的充分发挥，从而实现财富的不断增加、经济的不断发展和企业的不断壮大。

（三）促进财富形成

人力资源在财富的形成过程中发挥着关键性的作用，是能够推动和促进各种资源实现配置的特殊资源，是最重要和最宝贵的资源。社会财富由对人类的物质生活和文化生活具有使用价值的产品构成，人们将自己的智力和体力通过各种方式转移到自然资源上，改变了自然资源的状态，使自然资源转变为各种形式的社会财富，在这一过程中，人力资源的价值也得以转移和体现。

人力资源是财富形成的关键要素，人力资源的使用量也决定了财富的形成量，一般来讲，在其他要素可以同比例获得并投入的情况下，人力资源的使用量越大，创造的财富就越多。

第二节　人力资源管理概述

一、人力资源管理的特征与功能

（一）人力资源管理的特征

1.以人为本

"现如今，人力资源已经成为第一生产力。基于这一认知，人力资源管理工作肩负起越来越重要的责任与使命。"[1] "人"是企业的经济命脉，是企业的核心竞争力与可持续发展的唯一支柱。因此，人力资源管理，不仅因岗择人，而且因人设岗，充分调动员工工作积极性，使员工更努力地为企业创造价值。现代企业人力资源管理"以人为本""着眼于人"，充分利用个体在知识层面与性格层面的差异来满足企业对员工的不同要求。同时，企业的人力资源得到了充分合理利用，使企业各项资源得到了优化配置，为企业取得了更大经济效益与社会效益。

---

[1] 闫继光.人力资源管理服务质量内涵探讨[J].经济师，2022（12）：260.

以人为本要求企业将人放在企业发展的核心位置，将关怀、尊重、依靠等充满暖意的词语与员工相联系。人本主义的人力资源管理是一种管理理论与管理实践相结合的创新管理概念，这种创新实际上也是依靠传递的力量来促进企业发展的模式。现代企业人力资源管理充分考虑"人"的核心价值，采用理性与感性的方式进行人力资源优化配置。人力资源理性管理不仅是企业内部发展规律的要求，也是社会优胜劣汰生存法则的必然规律。充分发挥每个个体在集体中的特长，为集体创造更大的价值，反过来，集体为个体成长与成才提供更广阔的平台，全力地支持个体的发展，是企业人力资源管理将理性与感性相结合发挥作用的最显著成果。

2.灵活化与扁平化机制

（1）灵活化机制。在市场经济条件下，企业结合发展目标与人员自身情况，进行人力资源的动态管理，不断地进行人力资源心理调节与开发，选择适合企业发展的员工。在选择与培养企业员工的过程中，通过对员工进行职业生涯规划，不断培训，不断地进行岗位调整与重组，做到"物尽其用，人尽其才"。在企业与员工互相适应与磨合的过程中，企业培养出最适合企业发展的员工，淘汰不适合的员工。

人力资源管理灵活的用人机制不仅体现在选拔人才与培养人才上，还体现在薪酬制度上。现代企业拥有灵活多变的薪资标准与奖惩制度，根据员工的工作业绩、能力大小、职位高低等制定弹性的薪酬标准，鼓励勇于付出、敢于创新、表现优异的人才。薪酬发放形式也体现了灵活多变的特点，除了物质性的奖金与福利外，还会有精神上的肯定与鼓励，荣誉证书、光荣称号就是最好的精神性奖励。另外，除了物质上与精神上的薪酬标准外，企业还会通过晋升手段，对有业绩、有能力的员工予以肯定，赋予他们更多的管理权力与职责范畴，以此来激励他们为企业创造更大的价值。

现代企业人力资源管理的灵活用人机制还体现在企业与雇员之间的自主选择权。现如今，在市场经济条件下，人们的观念发生了很大的转变，会主动寻求合适的企业平台实现自身价值。企业选择适合的人才，人才认同企业的文化，在团结奋进的氛围中，企业与雇员之间的双向选择使人力资源得到了优化配置，促进了企业发展和人才进步，更促进了社会可持续前进。

（2）机构扁平化。在现代企业组织结构中，"扁平化管理"是相对于传统金字塔"垂直管理"结构的一种管理模式。扁平组织是指当企业规模扩大时，改变之前的增加管理层级的做法，改为增加管理幅度。当管理层级减少而管理幅度增加时，金字塔状的组织形式就被"压"成扁平状的组织形式。其目的是解决企业层级结构的组织形式在现代环境下面临的难题，其特征在于管理层级少而管理幅度大。一般来说，"金字塔"代表着集权控制，扁平化的组织结构代表着灵活协作。

实行扁平化管理的企业，管理层级少，但管理幅度大。它可能没有中层管理者，而是由某一个高层管理人员直接管控更多的部门。扁平组织结构的"管理幅度"变大意味着每一层级的管理动作大幅缩减。所以越扁平的企业"管理越少"，越能够释放员工的创造力。"扁平化"管理模式的优势在于，信息纵向流动快，管理成本低，能对市场做出快速反应，相对少的管理层级，让基层拥有充分的自主权。正因如此，在信息高速流通的互联网时代，这种分权管理模式被越来越多追求创新的企业所运用。

实行扁平化需要明确两点：①去中心化并非没有中心，而是中心已经分布到各个单元当中；②每个单元都能够实现自身的功能，又牢牢与组织目标绑定，形成组织张力。实现前提是决策透明，不管是自上而下还是自下而上，都要清楚每项决策的前因后果，明白这些因素与企业的关系。任务组因任务建立，任务结束快速解散。

3.用人与留人

用人是人力资源开发与管理的一个主要目标，方法包括：①量才录用。大材小用和小材大用对企业均不利，前者造成浪费，后者造成损失。②工作丰富化。充分考虑到员工的身心要求，重新设计工作，使工作尽可能丰富化。③多劳多得，优质优价。

留人是保证企业有较强竞争力，人才留不住是企业的巨大损失。留人的方法：①薪资报酬。员工工作的第一目标是获得薪资收入。在同行业中，薪资较低的企业人才流向薪资较高的企业是一种趋势，这种趋势在短时期内不会改变。②心理环境。留住人才，企业需要重视建设或重建员工心理环境。

4.柔性管理

"柔性管理"是以"以人为中心"，对员工进行人格化管理。"柔性管理"的特点是依靠人性解放、权力平等、民主管理，从内心深处来激发每个员工的内在潜力、主动性和创造精神，使他们能真正做到心情舒畅、不遗余力地为企业开拓优良业绩，成为企业在全球激烈的市场竞争中取得竞争优势的力量源泉。

"柔性管理"在企业管理中的作用表现在三个方面：

（1）激发人的创造性。在工业社会，主要财富来源于资产，而知识经济时代的主要财富来源于知识。知识根据其存在形式，可分为显性知识和隐性知识，前者主要是指以专利、科学发明和特殊技术等形式存在的知识，后者则指员工的创造性知识、思想的体现。显性知识人所共知，而隐性知识只存在于员工的头脑中，难以掌握和控制。要让员工自觉、自愿地将自己的知识、思想奉献给企业，实现"知识共享"，单靠"刚性管理"不行，只能通过"柔性管理"。

（2）适应瞬息万变的外部环境。知识经济时代是信息爆炸的时代，要打破部门分工的界限，实行职能的重新组合，让每位员工或每个团队获得独立处理问题的能力、独立履行职责的权力，而不必层层请示。因此，仅仅靠规章制度难以有效地管理该类组织，而只有通过"柔性管理"，才能提供"人尽其才"的机制和环境，才能迅速准确做出决策，才能在激烈的竞争中立于不败之地。

（3）满足柔性生产的需要。在知识经济时代，人们的消费观念、消费习惯等也在不断地变化，满足"个性消费者"的需要，这是当代社会生产经营的必然趋势。知识型企业生产组织上的这种巨大变化必然要反映到管理模式上来，导致管理模式的转化，使"柔性管理"成为必然。

（二）人力资源管理的功能

人力资源管理的功能是指其本身所具备或应该具备的作用，这种作用是通过人力资源管理职能来实现的。人力资源管理功能具有一定的独立性，是人力资源管理自身所具有的属性。企业人力资源管理应当具备四个功能：①选拔功能。人力资源管理最基础的功能就是为企业选择合适的人员，使合适人才加入企业。②培养功能。企业选拔合适员工之后，要对员工进行培训与培养，通过培训与培养使员工更好地适应工作，在工作岗位上更好地服务于企业。③激励功能。这是人力资源管理的核心功能，是其他功能得以实现的最终目的，是员工取得优良业绩为企业带来效益的本质体现。④维持功能。这项功能保证了企业人员的稳定，减少优秀人才流失给企业带来的损失。

在人力资源管理的四个功能中，选拔是基础，是人力资源管理工作的第一环节；培养是动态的持续过程，是员工与岗位契合的最重要手段；激励是目标，是企业效益通过人力资源得以实现的最可靠保证；维持是保障，保障优良的人力资源为企业战略发展保驾护航。

二、人力资源管理的目标与内容

（一）人力资源管理的目标

人力资源管理的具体目标与企业价值链的运作是密切相关的，价值链表明了价值在企业内部从产生到分配的全过程，是贯穿企业全部活动的一条主线，价值链中任何一个环节出现了问题，都将影响到整体价值的形成，人力资源管理的具体目标就是要从人力资源的角度出发为价值链中每个环节的有效实现提供有力的支持。人力资源管理的具体目标包括：保证价值源泉中人力资源的数量和质量；为价值创造营建良好的人力资源环境；保证员工价值评价的准确有效；实现员工价值分配的公平合理。

在整个价值链中，价值源泉是源头和基础，只有具备了相应的资源，价值创造才有可能进行。人力资源是价值创造不可或缺的资源，因此，为了保证价值创造的正常进行，企业必须拥有满足一定数量和质量要求的人力资源，否则企业的价值创造就无法实现，这就是人力资源管理的第一个具体目标——保证价值源泉中人力资源的数量和质量。这一目标需要借助人力资源规划和招聘录用等职能活动来实现。

（二）人力资源管理的基本内容

人力资源管理注重人的心理和行为特征，重视"人"的作用，将"人"的全面发展放在核心位置，强调人、事、职的最佳匹配，以获得最大化的管理效益。人力资源管理的内容如下：

第一，职位分析。职位分析是人力资源管理的最基础性的工作。职位分析包括两部分活动：一是对企业内各职位所要从事的工作内容和承担的工作职责进行清晰的界定；二是确定各职位所要求的任职资格。职位分析是收集、分析和整理关于职位信息的一个系统性程序。职位分析的结果一般体现为职位说明书。职位分析的信息被用来规划和协调几乎所有的人力资源活动，如员工甄选标准和绩效评估标准的确定、培训方案的制订等。

第二，人力资源规划。根据企业的发展战略和经营规划，评估企业人力资源现状及发展趋势，收集和分析人力资源供给和需求方面的信息，利用科学的方法预测人力资源供给和需求，制订人力资源招聘、培训和配置计划，以使人力资源供需得到平衡，保证企业目标的实现。

第三，人力资源招聘与甄选。企业要通过人力资源招聘来迅速、有效地找到企业所需的人才。在人力资源招聘过程中，需要采用科学的方法和手段对应聘的人员进行有效的甄选，人力资源招聘与甄选是人力资源管理的一项重要职能。

第四，培训与开发。培训与开发主要是根据不同员工的技术水平和素质差异，采用不同的训练方式和训练内容，提高员工们的知识技能和素质水平，进一步开发员工的潜能，帮助他们胜任现任的职位和将来的工作。

第五，绩效管理。绩效管理是现代人力资源管理的重要内容和核心职能之一。绩效管理的核心是绩效评估，企业通过绩效评估来衡量员工的工作绩效，并把这些信息传递给他们，其目的在于激励员工。绩效评估的结果可以给管理部门提供决策的依据，如晋升、降级、解职和提薪等。

第六，薪酬管理。薪酬管理是人力资源管理中最受重视的职能。科学合理的薪酬体系关系企业员工队伍的稳定与发展。人力资源管理部门要为员工制定具有吸引力的薪酬制度。

第七，职业生涯管理。人力资源管理部门有责任关心和鼓励员工的个人发展，帮助其制订个人发展计划。这样做能够提升员工的归属感，进而激发其工作积极性和创造性。企业通过职业生涯管理，使企业和员工的需要都能得到满足。

第八，劳动关系管理。劳动关系是劳动者与用人单位在劳动过程和经济活动中发生的关系。一个企业的员工关系是否健康融洽，直接关系到企业的人力资源管理活动的有效开展和发挥作用。

三、人力资源管理的发展机遇

人是改变的推动者，人成了社会发展的主力军。在这样一个时代大背景下，企业发展方向也已经从只关注于生产变为既关注生产，又关注经济全球化、信息网络化、社会知识化及组织形态变化给人力资源管理带来的机遇和挑战。

（一）人力资源管理的影响因素——教育

1.教育对人力资源供求的影响

近年来，居民用于教育消费的支出呈较快增长趋势，为大力发展教育事业提供需求动力。用于娱乐文化教育的支出在居民总消费支出中居前列。增加居民收入和推进教育体制改革的政策，将有效地刺激居民的教育需求。教育对人力资源的供给和需求都有着重大影响，促进人力资源的供求均衡。

2.教育提高人力资源供给质量

人力资源质量分为：身体素质、文化素质、能力素质和思想素质，而教育对这些方面的影响是显而易见的。事实上，在影响人力资源供给质量的因素中，教育是赋予人力资源以一定质量的最直接、最重要的手段。先天因素和养育条件决定劳动者的身体素质，也在很大程度上受由教育获得的保健知识、方法的影响。提高一个人文化素质的最高效的途径正是接受正规学校教育。教育可以培养其敬业、守职的精神，促使其劳动行为规范。教育更是提高人力资源供给有效性、降低生产领域低效率的重要手段。

3.教育刺激人力资源需求增加

教育发展会推动科学技术进步，提高人们整体素质。科技进步对人力资源需求的影响：①科技进步会促进资本有机构成的完善和劳动生产率的提高，在其他条件不变的情况下会导致对人力资源总需求的减少；②科技进步伴随着劳动生产率的提高与生产力的发展，而生产力发展是扩大人力资源总需求的根本途径。

随着科学技术的进步，新兴的行业、部门出现，扩大了人力资源总需求。尤其是生产力的发展将引起社会分工协作的发展，第三产业必将得到较快发展，因而即使物质资料生产部门因新技术的采用而不增加甚至减少对人力资源的需求，整个社会对人力资源的总需求还会增加。在长期内，科技进步必然会增加社会的人力资源总需求。

教育通过提高劳动者的边际生产率而刺激企业对劳动力的需求。人力资源的需求主体是厂商，厂商的行为目标是追求利润最大化，因而厂商对人力资源的需求也是经过劳动力成本和收益的比较决定的，也即由人力资源的边际生产力决定。边际生产力等于生产要素增量所引起的产量的增量与每个产量的收益的乘积。

（二）经济全球化推动人力资源管理发展

全球化是指企业将销售、所有权以及（或者）制造活动向国外的新市场扩张这样一种趋势。企业进行海外扩张的原因有很多，扩大销售额就是其中之一。企业希望寻找能够销售的国外新型产品和服务，同时降低劳动力成本。

全球化意味着竞争加剧，技术创新，企业提供更多的高技术职位、更多的服务型职位与知识型工作。全球化的程度越高就意味着竞争越激烈，而竞争越激烈就意味着企业需要承受越多的压力——进一步降低成本，使员工更富有生产率，发现更好的、成本更低的工作方法。

在此现实背景下，企业必须具有全球性思维，对市场反应更迅速，围绕得到授权的团队对工作进行组织，在财务上更加谨慎，决策方式更加科学。企业需要通过对各业务单元所构成的跨国网络中的资源流动、共同体意识和范围经济的管理来培育自身的全球性协作能力和团队精神。

在经济全球化的背景下，市场竞争日益激烈，企业期望自身的人力资源职能可以做到：更多地关注全球性问题；注重文化建设，在伦理道德上进行管理；重视员工的知识运用能力和知识转化能力；创建高绩效工作系统；采取措施帮助企业更好地管理这个充满挑战的时代；基于可信的证据构建人力资源管理实践，找到行为的合法依据；具备完成像战略管理和财务预算等这样工作所需要的专业技能。

（三）发展机遇对管理者的要求

人力资源管理战略就是从战略的角度研究人力资源管理的各个系统。人力资源战略实际上是与传统的人力资源管理相区别的一种管理方法。

1.角色定位

如今，人力资源管理从业人员正越来越多地参与企业战略的制定。企业高层管理者也不再满足于人力资源部门提供的传统的、被动的项目，而要求主动解决与人有关的业务问题，为企业增加价值。基于人力资源管理与企业战略的紧密伙伴关系，人力资源管理可以在企业内部催化出一种接受变革、积极行动的风气。战略合作伙伴或战略与业务合作伙伴、变革的推动者和员工利益维护者是新增的三块职能，都有很重要的含义。

第一，战略合作伙伴。战略合作伙伴是企业战略决策的参与者，其提供基于战略的人力资源规划及系统解决方案，将人力资源纳入企业的战略与经营管理活动当中，使人力资源与企业战略相结合。人力资源管理者必须能够充分地理解企业的战略，并且基于这种战略构建人力资源管理体系，以此支持战略，实现人力资源管理体系与战略的匹配，最终使企业获得高业绩。

制定战略是企业管理团队的责任，要想成为管理层的合格战略伙伴，人力资源管理者应该引导大家讨论企业需要采取什么样的组织形式来执行战略。一种可行的四步骤方案：人力资源部应负责规划企业的组织架构；人力资源部必须承担组织审查的职责；为组织架构亟须变革之处提供解决方法；人力资源部必须评估自己手头的工作并分清任务的轻重缓急。

第二，变革的推动者。人力资源管理者要把很多的精力放在使人力资源管理体系与企业的经营环境的变化保持一致上，这个新的职能就是变革的推动者。人力资源部帮助组织形成应对变革和利用变革的能力，确保企业的愿景宣言能够转化为具体行动。作为变革的推动者，人力资源部的经理和员工无须实施变革，但是要提高员工对组织变革的适应能力，妥善处理组织变革过程中的各种人力资源问题，推动组织变革进程，确保变革在企业上下得到执行。

人力资源经理的新职责要求人力资源从业人员彻底改变自己的思维方式和行为方式，参与变革与创新，组织变革并购与重组、组织裁员、业务流程再造等过程中的人力资源管理实践。同时，要对高管人员对人力资源部的期望及与人力资源部打交道的方式提出新的要求，如他们应当向人力资源部提出更高要求，把人力资源部当作一项业务来投资，并克服对人力资源人员的成见——认为他们只是些没什么本事、只会损害企业价值的辅助性人员。

第三，员工利益维护者。员工的利益要有人来维护，确保员工对企业的积极投入，是人力资源部不可推卸的责任。人力资源管理者必须负责培训和指导直线管理人员，提供各种资源以帮助员工达到企业对他们的要求。不管是被动地适应工会，还是主动地创造和谐的关系，人力资源管理者的一个新的职能作用就是与员工沟通，及时了解员工的需求，为员工及时提供支持，保护员工的利益，成为员工利益的代言人，最终创造一个和谐的环境，提高员工满意度，增强员工忠诚感，通过让员工满意达到高绩效的结果。

其中，战略伙伴角色集中于把人力资源的战略和行为与经营战略结合起来。在这一角色中，人力资源从业人员以战略伙伴的面目出现，通过提高组织实施战略的能力来帮助经营战略取得成功。职能专家角色要求人力资源从业人员设计和提供有效的人力资源管理流程来管理人事培训、奖励、晋升以及其他涉及组织内部人员流动的事项。员工的支持者角色意味着人力资源从业人员需要帮助维持员工和企业之间的心理契约，把精力投入员工日常关心的问题和需求中，积极地倾听、积极地反馈，并向员工提供为满足他们不断变化的要求所需的资源，创造一个学习的氛围和环境，让企业员工置身于其中，使其被激发出一种自然的学习动力和工作成就感。变革的推动者要求企业人力资源从业人员在本着尊重和欣赏企业的传统和历史的态度的同时，具备为未来竞争的观念和行动。

与人力资源管理的四大新角色一一对应，企业人力资源从业人员为担当这四个角色应掌握四种技能：①掌握业务。要求人力资源从业人员成为企业核心经营、管理层的一部分，了解并参与基本的业务活动，具备强烈的战略业务导向能力。②掌握人力资源。要求人力资源管理能够确保基本的管理和实践相互协调，并担当起行政职能。③个人信誉。要求人力资源从业人员具备良好的人际影响能力、问题解决能力和创新能力。④掌握变革。要求人力资源从业人员懂得如何领导企业变革与重组。

2.人力资源管理者的任职要求

第一，人力资源经理的职业化。职业化是指普通的非专业性职业逐渐符合专业标准，成为专业性职业并获得专业地位的动态过程。某一行业职业化的构成因素包括系统的知识体系、专业的判断标准、专业的道德和信条、获得社会的认可。随着社会的发展，越来越多的职业进入专业领域，职业化成为衡量行业成熟度的主要标志。

第二，人力资源管理者的任职资格。人力资源管理者的职业化和市场化要求人力资源管理从业人员必须具备基本的素质和能力：接受教育要求，专业化的培训和不断学习的能力，具有创造性和影响力，组织协调能力强，高尚的职业道德。

第三节 人力资源的规划

"人力资源规划作为人力资源管理的基础,其是否和企业发展战略匹配,将成为企业能否实现发展战略目标的关键。"[1]人力资源规划是一项系统的战略工程,它以企业发展战略为指导,以全面核查现有人力资源、分析企业内外部条件为基础,以预测组织对人员的未来供需为切入点,内容包括晋升规划、补充规划、培训开发规划、人员调配规划、工资规划等,基本涵盖了人力资源的各项管理工作。人力资源规划还通过人事政策的制定对人力资源管理活动产生持续和重要的影响。

一、人力资源规划的特征与作用

(一)人力资源规划的特征

第一,超前性。根据对组织现状、形势、机遇、挑战的分析,提出未来的发展蓝图。组织发展所需要的人力资源不是一朝一夕能得到的,所以,一定要做好超前规划,有时也将这种规划称为负时间规划。

第二,可操作性。规划要可望又可及,超前性也应是通过努力可以实现的目标。

第三,富有弹性。人力资源规划需要保持动态平衡。人是动态的,职位是相对稳定的,所以,人力资源规划应保持动态平衡和可调整性,要留有一定的余地,尤其要注意应对不可抗力的影响。

(二)人力资源规划的作用

人力资源规划对于任何一家企业来说,都具有极其重要的战略地位和作

---

[1] 左寅捷.基于企业核心战略的Z公司人力资源规划研究[D].上海:上海外国语大学,2014:1.

用，它是企业人力资源管理工作的重要依据，必须引起足够的重视，其具体作用主要表现如下：

第一，人力资源管理的基础。人力资源规划通过对企业未来人力资源需求状况的预测和目前人力资源状况的分析，并根据人员供求过程中的平衡状况，在对企业人员的增减进行全盘考虑的情况下，再制订人员增补和培训计划，这使得人力资源管理工作有的放矢。因此，可以说人力资源规划是人力资源管理的前提和基础，是人力资源管理工作得以成功的关键和根本保证。

第二，降低人力资源成本。影响企业人力资源结构及用人数量的因素很多，通过人力资源规划可对现有的人力资源结构进行全面分析，找出影响人力资源有效运用的瓶颈，使得人力资源得以充分发挥其效能，从而达到降低人力资源成本的目的。

第三，促使人力资源的合理使用。可以说，大多数企业的人力资源配置都很难达到理想的状况，在相当多的企业中，一些人员的工作负荷过重，而另一些人员则工作过于轻松；有些人感到力不能及，而有些人感到能力有余，未能充分利用。人力资源规划可以改善人力分配的不平衡状况，进而谋求合理化、最优化，使得人力资源得到最佳配置并适应组织发展的切实需要。

第四，配合组织发展的需要。任何组织要追求生存和发展，其人力资源的获取和合理配置是其关键因素。换言之，就是如何适时、适量及适质地使组织获得所需的各类人力资源。由于现代科学技术的高速发展，企业面临着瞬息万变、稍纵即逝的商机，如何针对这些多变的因素，配合组织发展的战略目标来对人力资源进行恰当规划就显得甚为重要。

二、人力资源规划的意义与程序

（一）人力资源规划的意义

人力资源规划是指一个企业或组织通过科学的预测，分析其在环境变化中的人力资源的供给和需求状况，制定必要的政策和措施，以确保组织在需要的时间和需要的岗位上获得各种所需的人才，使组织和个体能够得到长远的利益。人力资源规划是人力资源管理活动与组织其他活动之间的连接点，它使得人力资源管理活动与组织的其他活动相协调，使得人力资源管理活动的目标与组织活动的目标相一致。

人力资源规划是一个动态过程，是在对未来外部环境和组织变化进行系统分析的基础上，对组织未来人员的需求量和供给量的差异进行分析，并找出平衡差异的途径。人力资源规划是一个系统过程，它需要基于对组织未来人员的供求状况进行预测制订计划，并在计划实施过程中进行控制和评估。人力资源规划是组织战略计划之一，着眼于为组织未来的活动预先准备人力，它的制订可以为组织的人事管理活动提供指导。

人力资源规划的重要意义是使管理者心中有数，避免管理的盲目性。一个组织应制定必要而合理的人力资源政策和措施，规划要有措施保证和支撑，以确保组织对人力资源需求的如期实现。内部人员的调动补缺、晋升或降职，外部人员的招聘、培训和奖惩等，都要有切实可行的措施保证，否则就无法确保组织人力资源规划的实现。

人力资源规划的制订能使组织和个人都得到长期的利益（同时兼顾个人利益和集体利益）。企业要充分调动每个员工的积极性和创造性，努力实现组织的目标；要研究员工个人在物质、精神和业务发展方面的需求，帮助员工实现个人的目标。组织目标和个人利益两者必须兼顾，否则无法吸引和留住所需的优秀人才。因此，人力资源规划的目的是为实现组织目标而留人和用人。凡事"预则立，不预则废"，人力资源规划就是"预"的过程。

（二）人力资源规划的程序

人力资源规划程序的编制步骤可以分为以下内容。

第一，预测和规划本组织未来人力资源的供给情况。

对本组织内现有各种人力资源进行测算：从各种人员的年龄、性别、工作经历、所受教育、技能等资料中分析出本组织内现有人员的供给情况。

分析组织内人力资源流动的情况：分析企业内人员的升、降，工作岗位之间的人员流动，退休，工伤离职，病故，以及人员流入、流出本组织等的情况。

第二，对人力资源的需求进行预测。在人力资源供给预测规划的基础上，根据组织目标，预测本组织在未来某一时期对各种人力资源的需求。对人力资源需求的预测和规划，可根据时间的跨度采用相应的预测方法。

第三，进行人力资源供需方面的分析比较。把人力资源需求的预测数与在同期内组织可供给的人力资源进行比较,从比较分析中可测算出所需的各类人员数。这样,可以有针对性地物色或培训相关人员,并为组织制定有关人力资源管理的相应政策和措施提供依据。

第四,制定有关人力资源供需方面的政策和措施。在人力资源供需平衡分析的基础上,制定相应的政策、措施,呈交有关管理部门审批。

第五,实施规划与信息反馈。在人力资源规划编制完成之后,就应将其投入实际中实施,并对其实施过程进行监督、分析,然后评价规划的质量,找出规划的不足,对规划进行持续修改,以确保战略的顺利实施。

第四节 人力资源的运行与发展

人力资源管理部门是随着企业人力资源管理实践活动的发展演变而出现的。人力资源管理部门在企业中开展着一系列价值不等的活动,同时扮演着一定的角色。

一、人力资源管理部门的运行

(一)部门中的活动

人力资源管理部门所承担的活动可以划分为以下几类。

第一,战略性和变革性的活动。战略性和变革性的活动涉及整个企业,包括战略制定和调整以及企业变革的推动等内容。这些活动都是企业高层管理者的职责,但是人力资源管理部门必须参与到这些活动中来,要从人力资源管理的角度为这些活动的实施提供有力的支持。人力资源管理部门承担战略性和变革性活动投入的时间为10%,活动所产生的价值为60%。

第二,业务性的职能活动。业务性的职能活动包括人力资源招聘、职位分析、培训开发、薪酬管理等。业务性活动投入时间为30%,活动所产生的价值为30%。

第三,行政性的事务活动。行政性的事务活动包括如员工档案的管理、人力资源信息的保存等。行政性的事务活动投入时间为60%,活动所产生的价值为10%。

人力资源管理部门要充分利用计算机、网络技术和专业的人力资源管理软件,或将部分职能外包给专业化的人力资源服务公司,将烦琐费时的行政性事务和部分业务性活动从人力资源管理工作中剥离出去,从而使自己的人力资源管理活动发生根本性的变化。人力资源管理部门应将节省出来的时间和成本投入战略性和变革性活动中去,为企业创造更大的价值,成为业务部门的战略伙伴。

(二)部门中的角色

人力资源管理者在企业中也要扮演一定的角色,而所有人力资源管理者角色的集合就形成了人力资源管理部门的角色。随着管理实践的发展,人们对人力资源管理部门的角色逐渐形成了统一的认识。人力资源管理部门所扮演的角色和职责体现,其中纵向维度表示人力资源管理的重点是强调日常运营,还是未来或战略;横向维度则表示人力资源活动是更关注人还是更关注过程。依据企业价值观、企业规模、员工特点及行业特征不同,人力资源管理部门承担的责任和扮演的角色也有所侧重。

第一,行政专家。人力资源管理的行政专家角色主要是指导过程,保存记录,认真对待涉及员工的各种差旅费、病假政策等问题,确保员工能够得到正确的报酬,管理劳动合同以及避免各种相关法律问题的出现等。人力资源管理的这种角色主要是告诉管理人员和员工什么不能做,如果对该角色加以一定的限制,人力资源管理部门的职员会被看作办事员,对企业只有低层次的行政贡献。随着互联网等技术在行政管理领域的运用,人力资源管理所扮演的行政专家角色开始趋于淡化,如员工的人事记录、档案管理等随着技术的发展已经变得越来越容易。

第二,员工激励者。员工激励者的角色承担着对员工的企业承诺和贡献进行管理的任务。无论员工的技能水平有多么高,一旦他们与企业疏远,或者内心感到不平衡,那么他们就可能不会为企业的成功而尽自己的一份努力;同时,他们也不会在企业中继续工作太长的时间,这都会造成人力资源的损失。因此,员工激励者的角色是非常重要的。

第三，变革推动者。变革推动者的角色要求人力资源管理部门能够帮助企业完成转型和变革，以使企业能够适应新的竞争环境。在当今这个急剧变化、竞争激烈的时代，企业需要持续不断地进行变革以及培养自身实现变革的能力。

第四，战略伙伴。人力资源管理在今天所能扮演的最重要角色之一就是战略角色，人力资源管理战略与企业战略保持一致，这将有助于企业战略的执行。人力资源管理的战略角色强调人是企业获取资产的最有价值的源泉，有效地运用企业中的人力资源以提供竞争优势成为企业成功的关键。当人力资源管理扮演战略角色时，必须着眼于人力资源管理问题的长期影响。这种着眼于解决长期问题的观点的讨论与决策，正反映了人力资源管理对企业成功的贡献以及人力资源管理成为更重要的战略贡献者的需要。

二、人力资源管理的责任主体

（一）人力资源管理的责任主体

企业所有的管理者都是人力资源管理扮演者。人力资源管理的责任主体有公司的高层管理者、人力资源管理部门、非人力资源管理部门的管理人员和企业的每一位员工，以上四者共同承担着公司的人力资源管理职责。高层管理者负责人力资源管理政策的制定、建设和领导团队等重大人力资源管理的职责。员工自身则负有自我开发与管理的责任。

人力资源管理部门与非人力资源管理部门的责任主要体现在几个对应关系上。第一是制度制定与制度执行的关系。人力资源管理部门负责制定相关的制度和政策，由非人力资源管理部门来贯彻执行。第二是监控审核与执行申报的关系。人力资源管理部门要对其他部门执行人力资源管理制度和政策的情况进行指导监控，同时还要对其他部门申报的有关信息进行审核，从企业整体出发进行平衡。非人力资源管理部门则要执行相关的人力资源制度和政策，及时进行咨询，同时要按时上报各种信息。第三是需求提出和服务提供的关系。非人力资源管理部门根据自己的情况提供有关的需求，人力资源管理部门要及时提供相应的服务，满足他们的要求。

（二）管理者的胜任素质

胜任素质，也称胜任特征、胜任力，是指员工在某种职位上取得卓越绩效而必须具备的各种知识、技能、能力、个性及其他相关个人特质的总和。人力资源管理者的胜任素质是指人力资源管理者从事人力资源工作应具备的最基本的知识、技能、能力及个性的总和。国内外理论界和实践界提出了各自不同的人力资源管理者的胜任素质模型。我们认为，人力资源管理者的胜任素质可以分为个人特质、人力资源管理技能、战略性贡献、经营知识四个方面。

第一，个人特质。人力资源管理者要有较强的亲和力，具有团队合作的意识，善于激励团队，遇到问题善于寻求别人的帮助，能够充分利用资源。正直是人力资源管理专业人员的首要品质。人力资源的每一项举措都涉及员工的切身利益，只有正直的人力资源操盘手才有可能创建公平、公正的人力资源制度。人力资源管理者还必须具备出色的人际沟通能力和书面表达能力，从某种意义上说人力资源管理者所做的各种事情都需要通过沟通来完成，人力资源管理者就是一个360°的沟通者。

第二，人力资源管理技能。人力资源管理人员要掌握与人力资源管理者所承担的各类职能活动有关的知识，具备设计和制定各种人力资源制度、方案的能力。人力资源管理人员还要具备推行和实施各种人力资源制度及方案的能力。人力资源管理技能是进行工作的基础，也是区别于其他非人力资源管理人员的重要标志。

第三，战略性贡献。成功的公司需要拥有定位于战略层面的高级人力资源管理者，他们在公司中进行"文化管理"，推动公司的"快速变革"，参与公司的"战略决策"，并创造"市场驱动的连接"。

第四，经营知识。不同的行业需要不同的人力资源管理工具，不同的主营业务需要采取不同的人力资源管理举措。人力资源管理者在制定政策和方针时，必须理解公司的业务和行业情况。人力资源管理人员要求具有如市场、融资、战略、技术、营销和人力资源等功能领域方面的知识，还要关注业务发展变化趋势，知晓企业经营的框架，了解财务报表的构成，懂得市场营销知识和网络信息交流。人力资源专业人员只有对财务、战略、技术等问题有着正确的认识与理解，才能在各种战略讨论中起着有价值的作用。

第二章 人力资源开发与信息化建设

现今，人类社会进入了一个以知识为特征的时代里，在这一时代背景下，企业必须不断进行人力资源开发，只有这样才能保证企业财富和人力资本的不断增值，才能在激烈的竞争中实现可持续发展。本章对人力资源开发程序、人力资源的职业生涯管理、人力资源信息化建设在人力资源开发中的作用、人力资源信息化建设进行论述。

第一节 人力资源开发程序

一、人力资源开发的影响因素

人力资源是知识经济最重要的资源，开发高素质的、具有创新意识的人力资源是企业经济发展的主动力。因此，企业在人力资源开发上需要采取积极措施，以人才创新为目标，从开发内容到开发方法都要做到创新，搞好育才、留才、引才、用才工作，做好人力资源开发工作。

人力资源开发的影响因素如下：

第一，企业制度。企业制度是人力资源开发的基本条件，不同的企业制度对人力资源开发的影响也会不同。在市场经济下，企业千方百计地进行人力资源开发，是为了求生存，谋发展，达到既定的经营战略目标，说白了，就是在激烈的市场竞争中获取利润。但是现实是不少企业的人力资源管理只强调"治"，谈不上"开发",对人力资源开发的认识严重不足,从而造成这方面工作状况不良。

第二,薪酬制度。从改革开放至今,很多高素质、高能力的人才流向外国、外企,以及国有企业,一些中小企业都面临人才匮乏的现状。之所以这样,原因之一就在于一些中小企业的薪酬制度不健全,薪酬主要由基本工资、福利、奖金等构成,与全面薪酬制度的差距太大。由于薪酬制度的不完善或落后,导致留不住人才,人才流失严重。

第三,职教制度。职教制度指的是职业教育方面的程序、途径等。职业教育是人力资源开发的重要途径,倘若这方面工作不到位,将会严重影响人力资源开发工作的有效运作。在不少企业内,一个员工要想提升业务技能,更多依靠个人能力去进行知识更新,企业在职业教育上的投入不足,势必会影响员工职业发展。

二、人力资源开发的程序内容

在知识经济时代,人力资源是第一资源,开发手段日益多样化,在这种趋势下,企业需要综合考虑企业制度、薪酬制度等各方面的影响因素,构建适应自身实际情况的人力资源开发模型及程序,否则难以保证人力资源开发工作的有序运作。

人力资源开发是指一个企业或组织团体在组织团体现有的人力资源基础上,依据企业战略目标、组织结构变化,对人力资源进行调查、分析、规划、调整,提高组织或团体现有的人力资源管理水平,使人力资源管理效率更好,为团体(组织)创造更大的价值。人力资源开发程序:开发需求分析、开发目标确定、开发方案设计、开发方案实施、开发效果评估、开发信息反馈。

(一)人力资源开发需求分析

人力资源开发的第一步是开发需求分析。组织可以通过开发需求分析,从中找到开发的原因、开发人员信息,认清现状与目标间的差距,以及如何达成人力资源开发目标。所以,优秀的人力资源开发需求能够让企业得到最有效的开发战略,确定好开发内容,安排好开发方式。所以,企业要站在战略需求角度上进行人力资源开发需求分析,考虑企业长远发展需求,以及员工对其工作、职业发展等方面的需求,使需求分析细化。

1.需求的影响因素

人力资源需求的影响因素来自两个方面。

（1）内部影响因素。具体因素包括：①生产需求；②劳动力成本趋势；③可利用的劳动力（失业率）；④每一个工种所需要的员工人数；⑤追加培训的需求；⑥每一个工种员工的流动情况；⑦劳动力费用；⑧工作小时的变化；⑨退休年龄的变化；⑩社会安全福利的保障。有效预测组织员工的需求数量，就必须根据宏观环境和组织自身的战略规划，认真研究上述变量，抓住主要变量，并将预测看成是完善组织人力资源需求决策的一个工具，以保证人力资源需求预测更加有效。

（2）外部影响因素。具体因素包括：①国家及行业政策、方针的影响；②宏观经济环境；③技术变革；④价值链上、下游企业的变化；⑤用户的需求变化。

2.人力资源需求预测的方法和技术

员工需求预测是组织（企业）编制人力资源规划（计划）的核心和前提条件。目前，国内外对人力资源需求进行预测常采用的方法和技术如下：

（1）人力资源现状规划法。人力资源现状规划法是一种比较简单且易于操作的预测方法，一般组织对管理人员的连续性替补多采用这种方法。运用这种方法的前提条件是假设一个组织目前各种人员的配备比例和人员的总数将完全能适应预测规划期内的人力资源的需要。

（2）经验预测法。经验预测法是指利用组织现有的情报和资料，根据有关人员的经验，结合本企业的特点，对企业需要的员工数加以预测。经验预测法可以采用"自下而上"和"自上而下"两种方式。这种方法也不复杂，适用于技术较稳定的企业制订中、短期人力资源预测规划。

（3）分合性预测法。分合性预测法是一种先分后合的预测方法。先分，是指一个组织要求下属各个部门、单位，根据各自的生产任务、技术、设备等变化情况，先将本单位对各种人员的需求进行预测。后合，即是在上述基础上，由计划人员把下属各单位的预测数进行综合平衡，从中得出整个组织将来某一时期内对各种人员的总需求数。这种方法较能发挥下属各级管理人员在预测规划中的作用，但专职计划人员要给予下属一定的指导。这种方法较适用于制订中、短期人力资源预测规划。

(4)德尔菲法。德尔菲法是用来听取专家们关于处理和预测某些重大技术性问题的一种方法。它也常常被用来预测和规划因技术的变革带来的对各种人才的需求。

(5)描述法。描述法是指人力资源计划人员可以通过对本企业在未来某一时期的有关因素的变化进行描述或假设。从描述、假设、分析和综合中对将来人力资源的需求预测进行规划。

(6)计算机模拟法。计算机模拟法是进行人力资源需求预测诸方法中最为复杂的一种,是在计算机中运用各种复杂的数学模型对在各种情况下,企业组织人员的数量和配置运转情况进行模拟测试,从模拟测试中预测出针对各种人力资源需求的各种方案,以供组织决策参考。

(7)模型推断法。运用数学模型进行需求预测在预测中有着十分重要的作用和价值。根据影响因变量因素的多少,此种模型分为单因素模型和多因素模型。影响企业未来人力资源需求的因素很多,为了预测准确,可以建立多因素模型。但多因素模型的建立比较复杂,并需要长期和全面的数据资料。

(二)人力资源开发目标确定

培养具有创新意识的高素质人才是企业人力资源开发的最终目标,但在开发过程中要使目标更细化、更明确化、更针对化。例如,员工的技术、知识、能力要达到什么程度的变化。目标越明确,越利于执行,越便于发现问题,人力资源开发也越有计划性,利于提高开发工作成效。

(三)人力资源开发方案设计

开发方案设计工作主要包括制定开发内容,选择开发手段。方案本身应具有动态性特征,应根据企业实际需求、员工需求及开发工作执行情况而变化,不断调整方案,不断更新内容,以应对临时变化及突发状况。下面以员工培训为例,通过了解不同的员工培训方法,推动人力资源开发方案设计的进一步完善。

培训是企业有计划、有组织、系统地对员工进行知识、技能、价值观、工作态度等内容的培养和训练,使员工达到工作岗位的要求。"人力资源开发培训可以增强企业员工的技能与素质，有效提高企业的核心竞争力。"[1]员工培训能提高与改善员工的知识、技能与态度，增进员工的积极性，进而提高企业效益、提升组织竞争力，对组织和个人具有重要的意义。员工培训的方法如下：

1.传统的培训方法

（1）讲座培训法。讲座培训法是指培训者用语言表达其传授给受训者的内容。讲座的形式多种多样，不管何种形式的讲座，都是一种单向沟通的方式，即从培训者到听众。讲座培训法的成本最低、最节省时间，有利于系统地讲解和接受知识，易于掌握和控制培训进度，有利于更深入理解难度大的内容，而且可同时对许多人进行教育培训。

（2）视听培训法。在教授大量生产性工作的技能和程序时，可采用某些视听设备。简而言之，通过录像带可以展现装配电子设备的工作，以及如何与工作表现差的员工一起工作的场景。采用摄像设备，培训者与受训者共同观察现场的情况，并对学习目标的进展予以迅速反馈。

受训者通过可视光盘可以迅速了解培训的每一过程，可以特别为拥有不同层次知识和技能的员工提供个性化指导。光盘目前用于教授医生如何诊断病情，如何帮助奶制品农场主提高生产力等，最近又运用于处理管理难题，如领导力、监督及人际关系。

（3）学徒制培训法。在职培训的一个分支领域是学徒制培训。学徒制是一种既有在职培训又有课堂培训、且兼顾工作与学习的培训方法。该方法是选择一名有经验的员工对受训者进行关键行为的示范、实践、反馈和强化，以达到培训的目的，这些受训者被称为"学徒"。

（4）情景模拟培训法。情景模拟培训法是一种代表现实中真实生活情况的培训方法，受训者的决策结果可反映其在被"模拟"的工作岗位上工作时会发生的真实情况。该方法常被用于传授生产和加工技能、管理和人际关系技能。模拟环境必须与实际的工作环境有相同的构成要素。

（5）案例研究培训法。案例研究培训法是将实际发生过或正在发生的客观存在的真实情景用一定视听媒介，如文字、录音、录像等描述出来，让受训者进

---

[1] 祝剑鹰.员工培训模式与人力资源开发效果关系分析[J].投资与创业，2022，33（17）：116.

行分析思考，学会诊断和解决问题及决策。它特别适用于开发高级智力技能，如分析、综合及评价能力。

（6）角色扮演培训法。角色扮演培训法是设定一个最接近现状的培训环境，指定受训者扮演角色，借助角色的演练来理解角色的内容，从而提高积极地面对现实和解决问题的能力。

2.现代科技培训方法

（1）多媒体培训。多媒体培训是利用各种媒介来生动地展现培训资料的内容，让培训者更易接受和领会培训内容。多媒体包括静态多媒体和动态多媒体两种。静态多媒体主要是使用一些精致的文字和图像，如印刷材料、幻灯片和投影仪等媒介来呈现培训内容。动态多媒体是利用录音带、录像带、光盘等媒介来动态呈现培训内容，多媒体培训可以生动再现培训内容，更易于受训者的理解和掌握。

（2）互联网培训法。近年来，各机构都在积极探索开发信息高速公路作为潜在的计算机培训载体。因为网页可以随时修改更新，在互联网上可以随时更新培训材料，所以修改教材相当简单便捷。互联网上的培训可以为虚拟现实技术、动感画面、人际互动、员工间的沟通和实时视听提供支持。

（3）远程学习培训法。远程学习通常被一些在地域上较为分散的企业用于向员工提供关于新产品、企业政策，或者程序、技能培训和专家讲座等方面的信息。远程学习包括电话会议、电视会议、电子文件会议，以及利用个人计算机进行培训。培训课程的教材和讲解可通过互联网或一张可读光盘分发给受训者。受训者与培训者可利用电子邮件、电子留言板或电子会议系统进行交互联系。远程学习是参与培训项目的受训者同时进行学习的一种培训方式，为分散在不同地点的员工获得专家培训机会，为企业节省一大笔差旅费。该方法存在的不足之处是受训者与培训者之间缺乏互动，而且还需要一些现场的指导人员来回答某些问题，并对提问和回答的时间间隔做出调整。

3.团队建设法

团队建设法是用以提高团队或群体成员的技能和团队有效性的培训方法。它注重团队技能的提高，以保证进行有效的团队合作。这种培训包括对团队功能的感受、知觉、信念的检验与讨论，并制订计划以将培训中所学的内容应用于工作当中的团队绩效上。团队建设法包括探险性学习、团队培训和行为学习。

（1）探险性学习培训法。探险性学习也称为野外培训或户外培训，它是利用结构性的室外活动来开发受训者的团队协作和领导技能的一种培训方法。该方法最适应于开发与团队效率有关的技能，如自我意识能力、问题解决能力、冲突管理能力和风险承担能力等，利用探险性学习的方法，其户外练习应和参与者希望开发的技能类型有关。

（2）团队培训法。团队培训法是通过协调在一起工作的不同个人的绩效从而实现共同目标的方法。团队培训方法多种多样，可以利用讲座或录像向受训者传授沟通技能，也可以通过角色扮演或仿真模拟给受训者提供讲座中强调的沟通性技能的实践机会。团队培训的主要内容是知识、态度和行为。

（3）行动学习培训法。行动学习培训法，即给团队或工作群体一个实际工作中所面临的问题，让团队队员合作解决并制订出行动计划，再由他们负责实施该计划的培训方式。

以上介绍的各种方法其适应范围、培训效果等均有所不同。作为管理者或培训者，在实际工作中如何选择正确的、有效的培训方法是至关重要的。

（四）人力资源开发方案实施

方案实施是人力资源开发目标、开发方案从概念到实现的一个过程，它应当具体化、精细化，否则会影响效果。下面以员工培训开发方案实施为例，实施内容如下：

1.布置培训现场

培训环境的选择与布置是培训与开发计划实施过程中重要的环节，受训者只有在舒适安静的环境中才能够集中精力学习。如果培训现场有很多干扰，会影响受训者的注意力。因此，培训场地要选在相对安静的区域。

培训如果是在室内进行，座位的摆放就很重要，因为座位安排会使培训师与受训者之间形成一种空间关系。座位的安排要根据不同的培训内容和培训形式采用相应的摆放模式，配备固定桌椅的教室比较适合讲座式的培训。比较常用的座位安排方式有三角形、半圆形、扇形、U形、方桌形和圆桌形等。

培训现场的布置还要注意室内的温度、光线、音响等细节问题。此外，培训现场其他材料也应提前做好准备，如纸、笔、桌签、电源插座等。总之，这些细节出现问题也会影响到培训与开发计划的顺利实施。

2.学员纪律管理

受训者到达培训现场后,要填写签到表,以便培训管理人员统计受训者的到达情况。在培训正式开始前,培训师要简要说明培训时间、内容的安排,提出培训的纪律要求。培训过程中受训者要服从培训师的管理,不随意扰乱课堂秩序,若中途离开培训现场,须向培训师或培训组织者说明情况。

3.课程导入管理

培训课程的导入环节是课堂教学的开端,一个好的导入将会激发学员的学习热情,起到事半功倍的效果。常用的课程导入有随意交谈法、看图提示法、创设问题法、多媒体导入法等。使用何种方法导入课程取决于课程内容、课程设计及培训师的培训风格。总之,课程导入要合时、合情、合理,能激发学员的学习兴趣,将注意力集中在培训的内容上。

4.课程结业管理

培训结束后,要对学员进行结业考试,并对考试合格的学员颁发结业证书。考试形式可以根据培训的目的来设计,可以是理论知识,也可以是上机模拟。考试内容围绕本次培训的内容展开,同时能够发挥学员的创造力,考试合格者颁发结业证书。

(五)人力资源开发效果评估

用量化指标对开发效果进行评估,既可以掌握开发工作的执行效果及员工成长情况,也可以为下一阶段的人力资源开发提供基础性资料。人力资源开发效果评估是系统地收集人力资源开发活动成果的信息,以衡量人力资源开发活动是否有效或是否达到预期目标的过程,并为下一步人力资源开发决策提供信息基础。人力资源开发效果评估的具体操作方法如下:

1.人力资源开发学习认知效果评估

学习认知效果评估是人力资源开发过程中常用的评估层次,从学习认知视角对开发项目参与者的认知效果进行系统、全面的测量和评估,是人力资源开发评估系统中不可或缺的环节。

(1)测试方式。从测试方式来看,传统上最常见的学习测试就是"笔试"。在实际人力资源开发评估工作中也常运用情景模拟测试,即运用模拟工具、计算机或实际设备,让被测试者亲临真实的工作情景,以测试学习所带来的实际技能提高程度。

按照测试组织形式来看，测试有单人测试和群组测试。单人测试是对单个人员学习认识效果进行独立测验，主要针对那些个人认知性的基础知识、技术原理和操作方法掌握程度进行经验测试。群组测试有两种情况，一种是将有关参与者一起组织起来参加集体考试，其所测试的内容与单人测试没有太大区别，只是出于规模效益的考虑将一群人放在一起进行而已；另一种是以小组或团队为单位进行测试，主要测试那些只有相关人员相互配合才能完成的学习认知效果。

（2）测试内容。从测试内容来看，学习测试包括主观性向测试和客观成绩测试。主观性向测试主要是测试学习者的主观判断能力，即面对具体的开放性或不确定性环境时，如何认识、解决和处理情景问题的基本认知态度、行为方式或应变能力。其问题形式一般有论述论文、综合描述、情景回答、评价量表等。客观成绩测试则主要是测试在某一特定学科领域内的基础知识、技术原理和基本操作技能掌握情况，一般有标准的、客观的正确答案，题目形式通常有单项选择、多项选择、排序搭配、正误判断、简单回答等。

根据测试要求来分类，测试有目标测试、达标测试和综合测试。目标测试有基于人力资源开发项目目标要求来进行的测试，有明确具体的答案；达标测试不需要确定学习者的成绩序列，只关注参与者是否符合最低标准；综合测试的要求可能是多元化的，要求学习者展示通过某一开发项目所掌握的综合知识和技能。

此外，在学习效果评估中，在要求不太严格的情况下，有时也可以选择一些非正式方法来进行。例如，学习者进行自我评估；观察学习者练习结果为其打分；通过群体评论比较评价学习效果等。

2.人力资源开发工作行为效果评估

企业员工在知识技能实际应用和转化方面的有效提升，是人力资源开发项目的核心目标，也是事后评估开发项目有效性的重要依据。要准确、系统地评估人力资源开发对员工行为所带来的提升效果，必须事先明确评估范围、数据类别、采集方法和渠道、时间步骤安排、任务分工以及具体负责人。同时，任务负责人要掌握各环节工作技能和方法。

观察法在工作行为效果评估领域得到广泛应用，它是由人力资源管理人员、其他部门主管以及相关领域外聘专家现场观察项目参与者的实际工作行为和工作过程，来记录其工作行为状态并分析其出现的变化，以此判断项目开发对员工工作行为带来的实际改善效果。观察者的专业化水平是提高观察有效性的重要保障，因此，需进行充分的事前准备，以确保对需要观察的信息类别、项目涉及的技术技能、观察过程的具体安排等事项有准确的了解。具体准备工作包括：确定需要观察的行为类别；研究设计观测记录表格；选定并培训观察者；确定观察步骤和时间安排；通知参与者并告知其观察计划；实施现场观察；汇总分析观察数据；编写观察评估报告。

在实际观察过程中，通常采用以下几种方法：①行为清单法。该方法将被观察者的行为状态、动作频率、持续时间、工作效果、劳动强度以及周边工作环境等信息进行编码，构成行为编码一览表，实现对被观察者特定行为的有效记录。②回顾报告法。为保持观察的连续性和完整性，观察者在观察期间不做任何记录，而是在观察结束后或观察某特定间隔中凭借记忆将观察到的行为记录下来。③视频记录法。即采用摄像机技术对被观察者在工作中所产生的工作行为和语言行为进行全程记录。④计算机监控法。主要是通过计算机监控软件对操作人员的操作步骤、工作时间、准确度等方面进行检测，适合应用于长期使用电脑的员工，如计算机软件开发人员等。

3.人力资源开发的情感反应效果评估

情感反应效果评估是通过问卷调查、访谈等方式，系统了解当事人在参与态度、学习动机、认可程度等方面对人力资源开发项目表现出的情感反应状态，是当前应用最普遍的基础性评估方法。情感反应效果评估的内容很广泛，包括从目标适宜性、计划和日程进度安排是否妥当，到项目的关联性、支持性、资源配置合理性以及项目的领导、参与人、协调者的交流合作情况和关键成功因素、障碍限制因素等。在人力资源开发项目执行过程中，及时、全面、有效地收集有关当事人的情感反应效果数据，对于准确掌握项目执行进度，及时做出有效调整并保证项目成功执行有着关键意义。

第一，情感反应效果的信息数据主要包含以下方面：①项目委托人或高层管理者的要求和态度；②项目参与者，包括项目执行领导人的主观评价，尤其是项目主要影响对象的学习动机、认知态度、参与程度、需求、意见和建议；③基层管理者或工作团队领导者的特别兴趣、利害关系、支持态度和有关评价以及组织中其他团队成员对该项目所做出的反应；④组织当中与人力资源开发项目相关的其他部门或个人的反应情况。

第二，问卷调查是情感反应数据收集当中应用最为普遍的方法。调查问卷表设计是一个看似简单但又很讲科学逻辑的工作。一般步骤是：①判断所需调查信息，将开发项目或活动的问题、事项和成功要素分门别类，并以大纲形式列出；②选择和确定适当的问题类型，并相应设计问卷题目，应当选择简单直率和答题者所熟悉的术语或表达方式；③问题设计出来后，应进行反复检验测试，最好选择部分参与者进行小样本测验，或相近工作层级的员工进行替代测试，依照反馈和批评意见进行调整和改进；④将问题清单列于一个专门问卷表中，并附适当的解释指导语，这样问卷设计即告完成。

总之，必须根据评估目的来确定信息类别、采集方式以及数据处理方法，从而实现信息采集和处理的经济性、可行性、简洁性和人性化，并注意将调查数据及时有效地加以运用，否则就是白白浪费参与者的时间。

4.人力资源开发经营业绩效果评估

经营业绩效果评估，即检测人力资源开发项目对组织效率、服务质量和经营业绩所产生的综合影响。这一层次的评估内容包括产出、质量、成本及客户满意度等，组织要实现长期稳定经营和可持续发展，其重要驱动力就是人力资源开发。因此，人力资源开发对组织经营绩效有何影响、如何准确全面地实现评估测量，一直是理论界和实践界所关注的核心问题。

有效实施经营业绩效果评估的前提，是能够准确收集与人力资源开发项目直接相关的经营数据，包括硬数据和软数据。"绩效协议"是后续行动计划所普遍采取的一种有效形式，即项目参加者与项目主管签订一份书面协议，约定在开发项目完成后立即执行某项具体工作任务，并将任务目标、工作强度、绩效水平等方面设置在相对较高的标准，协议确定的工作目标及相关要求明确、可测，对参与者既有难度也有挑战性，一般包括常规绩效考评方面的进步，生产事故、效率低下、士气低落等特殊性问题的有效解决，工作方法、程序和技术等应用的创造性变化等。

（六）人力资源开发信息反馈

作为人力资源开发的最后一个流程，要求信息反馈必须具有有效性、及时性，能够客观反映整个人力资源开发过程中的相关信息。

第二节 人力资源的职业生涯管理

职业是指一个人为维持自己的生计,同时实现社会联系和自我价值而进行的持续劳动活动的方式。职业是在不同的专业领域中一系列相似的服务。职业生涯,又称职业发展,是指一个人从凭借自己的劳动取得合法收入开始到不再依靠劳动取得收入为止的人生历程。这是一个动态的和不断发展的全部过程。

一、员工职业生涯管理的作用

(一)职业生涯管理对社会的作用

组织通过职业生涯管理,有效地减少了不必要的人员流动,降低了组织的管理成本,使员工能够在组织内相对稳定地工作,从而减少一些社会不安定因素,使社会变得更加稳定与和谐。

(二)职业生涯管理对个人的作用

组织指导和参与员工的职业生涯管理,能够使员工充分了解自己,客观地评价自己的能力,明确自己的优势和劣势,获取组织内部有关工作机会的信息,从而确定符合自己兴趣、能力以及组织需要的职业生涯道路,确立自己的职业生涯目标,并为此制订出具体的行动规划,使员工能集中精力,全身心投入工作中去,并不断地鞭策自己努力实现这些规划目标。在这个过程中,员工的素质也会得到进一步的提高。

具体而言,有如下一些主要作用:①更好地发挥个人的长处,在职业生涯中扬长避短;②更好地适应环境,并能把握外部环境中存在的机会;③有利于更好地配置资源,根据自身能力状况,适当地调整个体的职业生涯目标;④有利于个人对职业生涯的控制,使工作与家庭更容易平衡;⑤有利于实现个人职业生涯目标和达到个体人生价值最大化。

（三）职业生涯管理对组织的作用

通过职业生涯管理，组织对个人的职业生涯目标进行规划和分析，根据员工的特长和兴趣进行工作设计和安排，取长补短，把合适的人安排到合适的岗位上去。这样，一方面，组织给员工提供了更多的发展机会，使员工能够在较短时间内达到职业发展目标；另一方面，使组织的人力资源得到合理配置，人才得到充分利用，降低了组织的管理成本。具体而言，有如下一些主要作用：①进行有效的职业管理，通过个体职业生涯目标的实现来提高组织的绩效；②计划管理与控制员工的职业生涯规划，不仅有利于员工职业生涯目标的成功实现，而且有利于员工职业生涯管理与组织职业生涯管理目标的协调发展、互利双赢；③职业生涯管理有利于组织有效地留住人才和吸引人才，稳定员工队伍，减少不必要的员工流失；④有利于构建和完善组织文化，体现全体员工的价值观。

二、员工职业生涯发展的影响因素

职业生涯的发展，受到很多因素的影响，可能来自员工个人的差异，也可能来自企业或其他诸多方面的差异，但总的来说，主要受到三方面因素的影响：员工个人因素、组织内部因素和环境因素。

（一）职业生涯的社会环境因素

1.政治与法律

政治与法律因素主要是指由国家制定的与就业相关的法律法规和政策，这些因素也会间接地影响员工个人的职业生涯发展。因为国家政策和法律法规对每个公民都有强制性和约束力，这些环境因素决定着社会职业岗位和数量、结构，决定着其出现的随机性和波动性，进而影响人们对不同职业的认可程度，并左右着人们对未来职业道路的确定、职业生涯设计的调整与决策。

2.文化环境

每个员工作为一名社会个体成员，难免受到社会传统文化的影响，共同遵守约定俗成的行为模式，必定影响个人处事和解决问题的思维方式。尤其是处在不同国家或不同地区，这种影响更为明显。例如，美国和日本两个国家对员工在不同企业之间流动这样一个问题就持有不同的态度，日本的企业多数采用终身雇用制，认为一个人在企业中工作一辈子才是忠诚的行为；而美国企业多数采用合同制和聘用制，人员的流动被视为很正常的行为。这些社会传统文化会对个人职业生涯设计与规划产生侧面的影响，也会导致员工个人对其职业生涯规划采取相应的调整。

3.家庭

家庭是每个人出生与成长的摇篮，每个人从幼年时期就开始受到家庭的重要影响。通过长期潜移默化的作用以及家庭成员的耳濡目染，每个人都逐步形成了自己的价值观和行为模式，并以此模式或标准来学习某些知识和技能，从而影响一个人的职业生涯的期望和目标，并且会影响个人职业生涯方向的选择等。

4.职业供需状况

员工职业发展还受到宏观劳动力市场以及行业劳动力市场的职业供需状况的影响。从整个社会宏观环境来看，进入21世纪等于进入了知识经济时代，信息产业和服务业相关的劳动力市场的职业需求旺盛，个人的职业发展前景也比较好，使得多数人都把职业发展方向定在这些领域。而传统产业的劳动力市场由于其职业安全性低，不利于个人职业生涯发展，也影响了员工个人的职业选择。

（二）职业生涯的员工个人因素

1.员工个人对职业的期望

员工个人对职业的期望就是员工个人对他所从事的某项工作或职业的一种希望、心愿和憧憬。这种期望不是凭空遐想出来的，而是员工根据个人的兴趣爱好、价值观、专业能力等自身因素和社会就业供需等外部因素动态协调之后的结果。它直接反映出员工个人的职业价值取向，与职业供需状况、工作收入和待遇状况等因素又有密切的联系，这种期望会随着上述因素的变化而变化。

2.员工个人的自我评估

要想制订出好的职业生涯发展规划，充分发挥个人的职业潜能，员工个人首先应该进行正确而客观的自我评估。很多员工就是由于缺乏这方面的认识，对自己估计不够或不准，从而没有选择适合自己的职业生涯目标和职业发展道路。所以，在设计职业生涯发展目标之前，员工个人应该通过对自己的兴趣、志向、性格、拥有的知识和技能等情况进行认真的分析或充分的了解以后，对自己的优劣势做出正确、客观的评估。

3.员工自身的能力

从组织发展的角度来看，特别是对企业而言，这里的能力主要是指工作和劳动的能力，即通过对各项知识和资源的灵活运用而进行生产、研发、销售等活动的技能和才干。能力具体包括身体素质和智力能力。在智力能力方面现在又有一个说法叫"智商"和"情商"。

（三）职业生涯的组织内部因素

1.组织对员工的职业指导

员工个人要想设计制订出好的职业生涯规划，也需要组织的帮助，更需要组织对员工个人进行正确的评价，并为员工提供合适的发展机会，正确指导员工职业生涯发展目标的制定。同时，组织还可以为员工提供有效的信息渠道，帮助员工科学客观地评估自己。此外要适时地向员工传达关于职务空缺的信息，让员工能够清楚地了解组织中晋升的机会，从而使员工能够更好地对职业生涯进行规划。

2.组织中的"软环境"

组织中的"软环境"包括组织的管理制度、企业文化、领导者的素质和观念等，这种"软环境"虽然没有对员工个人职业生涯进行具体指导和规范，但却对员工个人职业生涯的发展有着无形的影响力。具体而言，管理制度是从形势上影响着员工的职业生涯发展，而企业文化则是从本质上向员工渗透企业的价值观和经营哲学，从而影响员工对职业的选择。

三、我国员工职业发展变化态势

随着社会政治经济的不断变化，我国未来的职业变迁会出现以下发展态势。

第一，由单一基础型向跨专业、复合型转化。从目前招工、就业的情况分析，职业岗位的要求和劳动方式逐步由简单向复杂方面转化，过去单一技能就能胜任的工作，现在职业内涵发展扩大了，往往需要相关专业的许多知识技能，更多地需要跨专业和复合型人才。

第二，由封闭型向开放型转化。随着改革开放的深入，职业岗位工作的范围和面向的服务对象越来越广泛，接收信息的渠道也必须加大，人们相互之间的交往和协作大大加强,所以要求人们具有开放的观念和心态,彻底摆脱自身封闭的状态。另外,开放型体现在职业岗位工作的性质上,也增加了一些以人与人之间联络、沟通、信息咨询和交易为表现形式的内容。

第三,由传统工艺型向信息化、智能型转化。传统工艺型职业在科技含量上相对滞后,在技术更新速度方面比较缓慢,有时跟不上时代前进的步伐。生产力发展的关键之一是增加职业岗位科技含量,改善劳动组织和生产手段,提高劳动生产率,能熟练应用信息管理方法的智能型操作人员,是今后人才市场职业岗位更新、工作内容更新需要的新型人才。

第四,由继承型向知识创新型转化。知识经济、信息化时代的到来,要求社会成员不断树立创新意识,在自己的职业岗位上进行创造性劳动。今后,只有创造型人才才能更好地胜任其岗位职责。例如,舞台灯光设计师、个人形象设计师等职业,这些工作岗位大部分都需要那些具有创造性思维的人才。

第五,服务性职业向知识技能化发展。社会生产力的提高,解放了劳动力,人们越来越多地需要社会服务行业为他们排忧解难、提供方便。第三产业在劳动者数量增加的同时,对从业人员质量的要求也在不断提高,产生了知识型服务性职业,而且这是吸纳社会劳动力的主要渠道。例如,传统的职业介绍演变为职业指导或猎头服务,这实际上是由原来简单提供信息或中介活动发展为利用专业知识提供信息咨询与职业指导服务。

劳动力市场预测专家认为,未来的新职业会越来越多地出现在服务部门,特别是与健康、通信和计算机相关的行业。

上述谈到的职业变迁趋势,反映了我国时代变化的特征,把握职业发展规律的趋势,对职业生涯规划与管理人员及劳动者本人都是非常重要的。对职业发展趋势的把握,能够对个人职业目标的选择提供思路和对职业生涯规划与管理发展提供方向。否则,有可能导致个人择业以及组织职业生涯规划与管理的盲目性。职业生涯规划与管理人员应适时关注职业变迁和发展趋势,帮助求职者更好地适应变革中的社会职业发展环境。

四、员工职业生涯设计与管理

（一）个体职业生涯设计

个体职业生涯设计是从个人自我角度出发，根据自身特点，对所处的组织环境和社会环境进行分析，制订自己一生中的事业发展战略思想与计划，包括学习、职业选择、职务晋升等。

在职业生涯的自我设计中，个人可以通过分析自我、准确评价个人特点和强项，在职业竞争中发挥个人优势。通过外部环境分析，可以发现职业机遇。在此基础上，个人还可以评估个人目标和现状的差距，准确定位职业方向，获得职业发展动力。因此，个人开展职业生涯的自我设计非常重要。

1.个体职业生涯设计的原则

个体职业生涯设计的过程是个体探索自我、科学决策、统筹规划的过程。为了保证职业生涯规划设计的实用性和科学性，一般应遵循以下四个原则。

（1）量体裁衣原则。这是做好职业生涯设计应当始终遵循的原则，也是最重要的原则。人与人之间的内在、外在条件都有很大的差异，其发展潜力无疑也会有很大不同。因此，职业生涯设计是一项完全个性化的任务，没有统一的定式，需要结合个体的具体情况与特点进行"量体裁衣"式设计或"定单式"设计。

职业生涯设计前，不仅要对个体的内在素质，比如知识结构、能力倾向、性别特征、职业喜好等进行全面的测评，而且要对个体外部的职业环境和职业发展的资源等进行系统的评估。既考虑个体的职业发展动机，又要注意其成功的可能性，从而为个体"量体"设定相应的职业发展目标和具体的发展规划。

（2）可操作性原则（或可行性原则）。每个人都说有目标规划，但并非每个人都可以实现自己的目标，完成自己的计划，甚至有人根本不知道自己是否完成了计划，这就是目标和计划的可操作性。职业生涯设计是为个体设定达成理想目标的规划和步骤。因此，这些内容本身应该是具体明确的，而不是空洞的口号，即目标要有清晰性，个人职业生涯设计的目标必须明确具体，实现目标的行动计划和方案也应尽可能详细，要分阶段、分内容、分步骤地进行。

职业生涯的可操作性，主要包括目标的可实现性、计划的可行性和效果的可检查性三个方面。所谓目标的可实现性，是指个体目标的敲定应该建立在个体现实条件的基础上，是对个体现实资源的真实评估和科学预期，是可以达到的目标，而不能是追新逐异或好高骛远的空想。所谓计划的可行性，就是指为个体制订的计划是非常具体的，是依据其现有能力制订的可以完成的行动计划。所谓效果的可检查性，就是说目标的可实现性和计划的执行情况都是以客观事物为评估标准，是可以度量和检查的。

（3）灵活性原则。对职业生涯发展来说，人生的不同阶段承担着各自的发展任务，需要解决相应的发展问题。因此，职业生涯设计也应该结合个体的年龄特征，确定具体的发展方向，制定阶段性的发展目标，在现实与最终目标之间设定一个阶段性目标。就像从山脚到山顶的一级级台阶，每迈一步都能够感到自己在朝终极目标前进，奋斗的过程就变得不那么缥缈，而是更具体、真实，有脚踏实地的感觉。

随着时间的推移，个人的自身条件、外部的资源、条件等环境因素也呈现出动态变化特征。这就要求所设计的目标存在可调整的空间，可以根据实际情况进行改变，即使是最终目标，也需要结合不同阶段性目标的完成情况而不断进行修正，体现出各个阶段职业生涯设计的目标、路线和方法具有一定的灵活性和适用性。

（4）发展性原则。发展性原则是指个体在设计职业生涯发展规划时，不能局限于个体当前的发展，而是要考虑个体未来的职业发展空间。职业生涯设计要有超前性和预测性。因此，职业生涯设计应该基于影响职业发展的核心因素和本质因素而不是根据表面现象进行。比如，个体对企业文化的认识、合作与责任意识的水平可以长期影响个体的职业发展，而个人的外部形象和面试技巧只能够说明个体短期的职业状况。因此，职业生涯设计要注重更核心和本质的因素，从个体发展的角度上结合外部环境进行好职业生涯规划设计。

（5）持续性原则。持续性是指职业生涯规划应贯穿员工整个职业生涯过程，每个发展阶段都应该有明确的计划，并且能够持续而连贯地衔接，最终实现个人的职业生涯目标。持续性也即稳定性，主要指每个阶段的职业目标和行动路线前后能够有效衔接，具有一致性，不能前后相互冲突。稳定性并不意味着每个阶段的职业目标和行动不可改变，而是意味着总体上而言，前一阶段要为后一阶段乃至终极职业目标服务。

2.个体职业生涯设计的内容

职业生涯设计依据对个人素质的全面测评，设定个体的长远目标和近期目标，并规划个人职业发展的具体步骤，其主要面临的任务有以下四个方面：

（1）确立职业发展的目标和方向。目标既代表着个人的理想追求，也指引着个人行动的方向。因此，设定具体可行的职业发展目标不仅是个人职业生涯设计的首要任务，也是最关键和最核心的任务。理想的职业发展目标不仅应该符合个体的性格、兴趣，而且应该具有一定的挑战性。该项任务是个人在职业咨询师指导下独立完成的。首先，运用各种测评手段了解到自己的能力、性格和兴趣偏好；然后，思考自己的外部环境和职业发展资源；最后，为自己设定一个具体的发展目标。

（2）制定职业发展的策略。确定目标之后，接着就要考虑如何达成目标。此时，个体在职业指导师的指导或帮助下为自己的目标制定相应的策略。当然，根据个体的实现差异，可以选择的有效策略多种多样，但是大致可分为以下三类。

第一，一步到位型。针对在现有条件下可以达成的职业目标，动用现有的资源很快实现。比如，希望做行政管理人员，就通过参加公务员考试一步到位。

第二，多步趋近型。对于那些目前无法实现的目标，先选择一个与目标相对接近的职业，然后逐步趋近，以达成自己的理想目标。比如，想做企业老板，但目前没有足够的资本，因此先给别人打工，以积累资源。

第三，从业期待型。在自己无法实现理想目标，也没有相近的职业可以选择的情况下，先选择一个职业投入工作，等待机会，以实现自己的理想目标。比如，自己想去外企发展，但没有相应的机会，而现在唯一的机会是在中学教书，因此先就业再择业，等待机会再求发展。

（3）明确具体的职业生涯发展途径。个体要明确自己职业生涯的发展途径，这是职业生涯设计的一项重要任务。设计可行的职业发展路径是实现理想目标的必要条件，职业发展路径需要贯穿人的一生。在生活中，每个人都会面临很多选择，个体要认真思考每种可能选择的发展道路，包括可能达成的目标、遇到的困难、外界的评价、所需的帮助等。因此，帮助个体设定科学可行的职业生涯发展途径需要丰富的职业指导经验，这也是职业生涯设计中最困难的任务。

（4）设计具体的活动计划。确定了发展途径之后，个人要设计具体的活动计划。活动计划的设计主要考虑其可操作性。首先从个人的实际情况出发，根据细化的子目标，制订具体职业活动的时间表，并保证效果的可检查性。当然，因为外部环境的可变性，制订职业生涯计划更需要考虑有调整的空间。此外，在设计这些工作内容的同时，组织也要帮助个人解决求职过程中的一般心理问题，如择业观念、婚姻家庭态度、情绪化问题、行为模式等。从严格意义上讲，这些问题并不属于职业生涯设计与管理的领域，但个人的心理问题会直接影响个人职业生涯目标的达成或计划的执行与实施效果。所以，帮助个人调节自身的心理状态也是职业生涯设计与管理的一个不可忽视的任务。

3.个体职业生涯设计的步骤

在明确了职业生涯设计的内容之后，就要通过科学合理的步骤来制订职业生涯规划。个人职业生涯设计一般通过员工自我评估、职业发展机会评估、职业方向和职业发展目标的设定、职业生涯路线的选择、制订行动计划和实施策略、评估与调整这六个步骤来完成。

（1）员工自我评估。个人在确立了职业生涯的意识和愿望之后，应该对自己和职业间的关系进行深层思考和判断。首先应该客观、全面地分析和评价自己，对自己目前的状况和条件进行分析（若过去工作过，需要对过去的职业生涯进行总结），对自己的潜能进行测评，明确自己的预期发展目标。然后是具体评估，通过对这些因素的分析，了解自己已经做了什么、想做什么及有能力做什么。

（2）职业发展机会评估。职业发展机会评估主要是指分析内外环境因素对自己职业生涯发展的影响。要客观、全面地了解和分析内外环境因素，包括对组织内部环境和社会环境因素的分析。组织内部环境因素包括组织的市场竞争力、组织文化和管理制度、主要领导人的素质和能力等；社会环境因素包括政治、法律、经济、文化、行业环境等。同时，还应该认真分析自己与内外环境的关系，自己在各种环境中的地位、环境的有利和不利条件等。

（3）职业方向和职业发展目标的设定。在自我职业发展机会评估的基础上，个人需要进行职业方向和职业发展目标的设定。职业方向的选择要综合考虑多方面的因素，关键是将个体的基本条件同职业相关要求进行匹配，即职业锚、职业性是否与职业匹配，个体兴趣、特长是否与职业匹配，环境是否与职业相适应等。设定职业发展目标是职业生涯规划设计的核心。

（4）职业生涯路线的选择。职业生涯路线的选择是指个体在选择职业之后，决定应该从什么方向实现职业生涯目标，是向专业技术方向发展，还是向行政管理方向发展呢？发展方向不同，职业发展的要求和努力的方向就不同。而从另一个角度看，职业生涯设计的路线可以是立足于原来职业的发展路线，也可以是转变职业、寻求新的职业目标和职业发展路线。不论选择什么样的职业生涯路线，都应该根据自身状况和环境的变化来决定。

（5）制订行动计划和实施策略。明确职业生涯目标后，个人应该制订相应的行动计划和实施策略来确保职业生涯目标的实现。实现职业生涯目标的行动计划包括再教育、工作、技能培训、人际关系拓展等，还包括平衡职业目标与个人其他目标（如家庭目标、生活目标）而做出的努力措施，通过这些努力确保个体在工作中的良好表现和工作业绩。行动计划和实施策略应该尽量做到详细具体、可操作性强，以便更好地落实职业生涯规划。

（6）评估与调整。任何计划都不可能做到十全十美、万无一失，而且随着个人自身状况与内外部环境条件的变化，职业生涯设计规划的适应性也会随之变化。因此，在制订和落实职业生涯规划过程中，应该不断地反馈和检验职业方向、职业目标和实施策略是否符合当时的情况，能否继续进行。如果出现不符合实际的自我评估、职业目标和实施策略，应及时进行适当的调整和修正，并总结经验教训，使其重新适应个人的职业生涯发展，促使个人职业生涯活动按步进行。

（二）组织职业生涯规划管理

员工职业生涯规划与管理要在组织的职业生涯规划管理工作中得到实施，因此，组织要将个人职业发展需求与组织的人力资源需求紧密联系起来，并帮助个人规划好他们的职业生涯，通过员工和组织的共同努力与合作使每个个体的职业生涯目标与组织发展目标相一致，促使员工个体职业生涯规划目标和组织职业生涯规划管理目标互利共赢，与企业发展相吻合，这就是组织职业生涯规划管理的实质性内涵。

1.组织职业生涯规划的原则

（1）利益结合原则。利益结合原则是指在制订组织职业生涯规划过程中，要坚持个人利益、组织利益和社会利益三者相结合的原则。坚持利益结合的原则，就要正确处理好个人发展、组织发展和社会发展三者之间的关系，寻找个人发展与组织发展的利益结合点，这样才能保证职业发展的成功。任何人都不能脱离组织和社会而独自发展，员工需要在一定的组织环境和社会环境中学习和发挥才能，没有组织和社会的承载，个人的才能或价值将无法发挥，职业目标也无法实现。同样，组织也应该承认并尊重个人的目标和价值观，并尽可能地使个人的价值观、能力和努力同组织的发展和需要联系在一起。

职业生涯开发与管理必须重视协调组织与管理人员之间的矛盾和冲突。组织的人力资源战略管理，也应该以利益结合点为基础，充分尊重每个人的性格和发展意愿。

（2）公平公正原则。公平公正原则，是指组织公平、公开和公正地开展职业生涯规划的各项工作和活动，即组织在为员工提供有关职业发展的各种信息、教育及培训机会、职业晋升机会等时，应当机会均等、条件公平，并保持较高的透明度。该原则使员工的人格、价值观受到组织尊重，感受到人人平等的待遇，能调动员工的劳动积极性。但是，平等不意味着平均，要在组织发展的不同时期采用不同的用人制度，以适当地刺激员工竞争、不断上进的心理。

（3）共同性原则。共同性原则是指职业生涯规划制订和实施过程应该由组织和员工双方共同参与完成，缺少任何一方的参与，职业生涯规划都是难以完成的，都不会达到它应有的效果。如果组织职业生涯规划脱离客观实际，忽视了员工的发展要求，那么员工只能被动接受组织安排，而不利于其个人的职业发展。如果员工刻意不参与组织职业生涯规划，那么组织的安排和用心也会化为泡影，使组织的发展和个人的发展都会受到限制。因此，为了避免双方利益都受到损失，必须坚持组织和个人共同制订和共同实施的职业生涯规划原则。

（4）时间性原则。时间性原则是指职业生涯规划中每一个目标都有两个时间坐标：起点和终点，即开始执行目标的时间和最终实现目标的时间。如果只有目标，而没有为之付出的实际行动，那么预期目标永远都不可能实现。从某种意义上来说，开始执行目标的时间比最终实现目标的时间更重要。人的职业生涯发展有不同阶段的发展周期，因此，应该将职业发展规划的内容划分为不同的时间段，而每个时间段都有两个明确的时间坐标，这样的职业生涯规划才会有其实质性意义。

（5）发展创新性原则。创新是当今时代发展的核心要素，是组织不断发展的动力源泉。同样，在组织制订职业生涯规划过程中，也应该坚持发展创新性原则，提倡采用创新的方法、创新的思路解决常规问题和新出现的问题和矛盾。在职业生涯规划与管理的过程中，应该让员工充分发挥自己的技能和潜力，积极地发挥其创造力，而不是仅仅被动地接受组织的规章制度，按部就班地工作。要让员工明白职业的成功不仅仅是职务上的提升，更重要的是工作内容的转换或增加、责任范围的扩大、创造性的增强等内在质量的变化。在职业生涯规划目标制订与实施的全过程中，都要让员工充分发挥其创新性。

（6）全面评价原则。全面评价原则是指对职业生涯规划进行全方位、多角度和全过程的评价，将评价结果反馈到组织和个人，并对存在的问题进行及时调整和修正，从而正确了解与认识员工的职业发展状况和组织对个人职业生涯规划与管理的现状。这个全面评价过程由组织、员工及其他对组织职业生涯规划有重要影响的人（如家人、朋友、职业咨询专家等）共同参与完成。

2.组织职业生涯管理的内容

（1）在招聘时重视应聘者的职业兴趣并提供较为现实的发展机会。企业在招聘人员时既要强调职位的要求，又要重视应聘者的愿望和要求，特别要关注其基本条件。

企业在招聘时要注意的另外一点是要真实地向应聘者介绍企业的情况及未来可能的发展机会。否则，由此造成的误解将影响应聘者对企业的忠诚，提高其辞职的可能性。

（2）提供阶段性的工作轮换。工作轮换对员工的职业发展具有重要意义。它一方面可以使员工在一次次的新尝试中了解自己的职业性向和职业锚，更准确地评价自己的长处和短处；另一方面，可以使员工经受多方面的锻炼，拓宽视野，培养多方面的技能，从而为将来承担更重要的工作打下基础。

（3）提供多元化、多层次的培训。培训与员工职业发展的关系最为直接，职业发展的基本条件是员工素质的提高，而且这种素质不一定要与目前的工作相关，这就有赖于持续不断的培训。企业应建立完善的培训体系，使员工在每次职业变化前都能得到相应的培训；同时，也应激励员工自行参加企业内外提供的各种培训。

（4）实行以职业发展为导向的考核。考核的真正目的是实现激励员工进取以及促进人力资源的开发。考核更重要的是促使员工了解怎样在将来做得更好。

以职业发展为导向的考核就是要着眼于帮助员工发现问题和不足，明确努力的方向和改进的办法，促进员工的成长与进步。为此，必须赋予管理人员培养和帮助下属的责任，把员工的发展作为衡量管理人员成绩的重要标准之一，并要求管理人员定期与员工沟通，及时指出员工的问题并与员工一起探讨改进对策。

（5）进行晋升与调动管理。晋升与调动是员工职业发展的直接表现和主要途径。企业有必要建立合理的晋升和调动的管理制度，保证员工得到公平竞争的机会。

3.组织职业生涯管理的步骤

组织职业生涯规划与管理的步骤一般包括四个阶段：准备阶段、计划阶段、实施阶段、总结与反馈阶段。

（1）准备阶段。准备阶段主要是进行人力资源状况的分析，结合人力资源规划和员工职业生涯调查与访谈情况，制订符合本组织所处环境和特点的职业生涯规划与管理的政策和方法。在这一阶段，首先要明确职业生涯规划与管理政策，确定组织实现职业生涯规划与管理的目标，帮助并指导员工进行个人职业生涯倾向诊断，进而明确整个组织人力资源状况和职业发展状况，为下一阶段职业生涯设计做好准备工作。其次，制订员工个人职业生涯规划草案和分类员工职业生涯草案，组织编写好人力资源管理相关文件（如工作岗位说明书），如对各类职位（岗位）的特点、职责及要求进行明确的描述，对各职位（岗位）的发展方向及需求状况进行情况反馈。最后，还要充分了解与收集每一位员工的学识、态度、兴趣和爱好、职业价值观等情况，并进行归档保存和及时更新，以指导员工正确选择理想的职位，努力促使员工职业生涯的发展与其本人的兴趣、能力、特长等相匹配。

（2）计划阶段。计划阶段主要是进行员工职业生涯的设计，制订和完善计划。在上一阶段的员工个人评估、组织因素评估、社会因素评估的基础上，进行职业生涯机会评估，确定职业生涯目标，正确选择职业生涯路线。在这一阶段，组织要和员工沟通并达成一致，设计与制订好员工职业生涯规划。在人力资源规划阶段，组织在总体战略指导下，制订各相关计划，包括职位编制计划、人员补充计划、人员流动计划、人员晋升计划和薪酬调整计划等。员工职业生涯设计要以这些规则和计划为依据，尽量在个人职业生涯追求和实际需要之间达到平衡。

（3）实施阶段。这一阶段主要是根据人力资源规划和各项计划以及员工职业生涯目标，开展相关的培训、开发、评估和人员调配等活动。

第一，职业胜任化素质评估。根据单位部门和岗位的基本职责，确定各类各级的职业胜任素质要求，进一步将职业生涯管理与员工绩效管理工作结合在一起，实现员工职业生涯发展与绩效改进之间的互动。绩效评估的结果是员工职业生涯调整与决策的重要依据。

第二，开展针对性的职业培训。职业培训应在业绩、能力考评的基础上进行，以帮助员工达到职业发展目标。

第三，有效地进行职业指导。在许多大中型组织内，都设立了员工职业评估指导中心，配备了职业指导师，对员工进行职业生涯规划指导。

第四，为员工开辟职业通道。职业通道是职位变换的柔性路线，是员工顺利达到职业生涯目标的路径。设置员工职业发展通道，组织首先应建设通道，如管理系统发展通道、专业技术系统发展通道、市场系统发展通道等；其次，可不拘泥于单条通道，还可以设置多条辅助通道向主通道发展。

第五，完善与运用多种策略与方法。组织要帮助员工依据组织需要和个人情况制定前程目标，找出达到目标的手段与措施。重点是协助员工在个人目标与组织实际存在的机会之间，达到更有效的结合，创造互利双赢的好结局。

组织对员工职业生涯规划管理，还要完善各项管理规章制度，灵活运用多种管理策略与方法。例如，改善员工的工作环境，包括尽量提供员工合适的工作岗位，建立企业内部的人才市场，加强员工的技能培训与继续教育，强化企业文化建设等。另外，通过人力资源规划与管理活动（如调任、轮岗、绩效评估等）结合企业的人力需求情况，尽可能为员工提供发展机会，为员工制定合理的发展目标，将组织的职业生涯规划与管理工作融入企业的总体人力资源管理活动之中。

（3）总结与反馈阶段。任何一项工作都需要总结与反馈，组织职业生涯规划与管理的总结反馈阶段，一方面，是总结每一个人职业生涯的发展情况；另一方面，是进行组织的整体职业生涯规划与管理工作的现状分析，总结经验和不足，为指导下一步的组织职业生涯规划与管理工作提供依据。许多企业现在的总结反馈方法是一年一次或半年一次的考评总结，组织内的各层级员工在规定的考评指标内，进行多层次、多方位的业绩考核，每一位员工都对一年或半年来的工作情况进行回顾与总结，反思得失，找出不足，然后针对员工职业生涯规划的内容进行自我调整，使职业生涯规划与管理工作更具客观性、科学性和实用性。

第三节　信息化在人力资源开发中的作用

一、人力资源管理和信息化的联系

人力资源管理是贯彻以人为本的理念,将雇佣关系中产生的关系通过信息化管理,转化成系统化的管理;贯彻信息化理念,为其注入新的科技创新能力,将企业中的工作以最为便捷化的方式进行处理。其中,要利用人力资源管理为企业的价值做出最有力的指导。人力资源管理是企业管理中的中心环节,需要管理的工作业务繁多,利用信息化的管理能够便捷工作的作业方式,将企业的管理变得更加系统且完善。将人力资源管理与信息化结合,能够使人力资源管理水平进一步提升,不再拘泥于传统的管理方式,开发出更加高效的工作模式,将工作运转方式提升到一个新的层级。

现在我国的经济正处于快速发展中,信息化进程的加快,使人力资源管理充分利用信息化来高效工作,辅助企业完成多项任务,加快企业高速发展,并提升创新能力,加强企业在市场中的竞争优势。人力资源管理利用信息化的进程,进入新时期,要顺应新时期下的经济发展需求,将企业中繁重的工作任务从日常工作中脱离出来。而信息化将传统的人力资源管理碎片化的工作运营模式,转变成了系统且完善的工作运营模式,实现员工的信息整合,将人力资源管理能力提升至新的高度,加快了企业的发展。

二、人力资源管理信息化含义

人力资源管理信息化是指利用先进的计算机技术,将信息进行集合管理,使得员工参与进信息化管理服务中去,将信息库和员工的工作日常进行联系。另外,公司的运作方式实现高效率运营,加速了员工和企业的联系,实现人力资源管理的便捷化。信息化时代的来临,无疑减轻了人力资源管理的负担,并且提升了人力资源管理水平。

人力资源管理进入信息化的几项要求：需要革新以往的传统运营方式，除了对人事的工作需要重视以外，也需要对公司其他方面的工作加大关注力度，如加强和各部门之间的联系沟通；通过信息化的建设降低工作中的运营成本；对技术层面的工作进行革新，促进人力资源管理能力的提升，以此来为企业做出最优化的管理设计。

三、信息化对人力资源开发的促进作用

信息化对人力资源将起到积极的促进作用，成为劳动力素质提升的途径与保障。

第一，促进知识和技术的传播，提升了人力资源的素质。信息化的发展推动了网络基础设施的建设，也促进了培训自动化和远程教育的建设，加速了知识和技术的传播速度。信息化手段的实施使员工可通过图、文、视频等更加生动、形象的方式学习新的知识和技术，自身素质不断得到提高。

第二，开拓了信息传播渠道，实现了人力资源信息共享。随着信息技术的发展，手机、互联网等一系列现代化沟通的手段缩短了城乡的时空差距，逐步实现人力资源的信息共享，使劳动者及时掌握外部信息和发展动向，应对新技术挑战和竞争，实现人力资源合理流动。完善的信息化网络，成为促进人力资源开发跨越式发展的主要手段。

第三，促进了人力资源的自我开发，提升了就业能力和竞争力。随着信息技术的发展，劳动力有更多的机会去发展自我的能力。他们可以通过互联网平台获得所需的知识信息，也可通过视频掌握相关的技术，甚至可以通过网络学习来提高自己的学历，增强了他们的就业能力，也获得了更多的机会。

第四，增强了劳动力的活力和积极性，促进了就业和创业。信息化网络的建设，改变了员工的生活。信息化网络平台的建设促进了劳动力的合理流动，改变了以往盲目等待和跟风的局面。劳动力可以从网络平台获取信息技术和知识资源进行创业和就业，也可向外发布传播自身状况与特色优势，容易寻求施展空间，大大增强了劳动力就业创业的积极性。

第四节　人力资源信息化建设及其完善

近年来,"伴随我国企业人力资源管理模式逐渐向现代化、信息化转变,加强企业人力资源管理信息化建设十分必要"。[①]人力资源信息化建设是真正在新形势下创新企业人力资源管理的主要支撑手段,也是企业全新的管理理念。在依托现代化科技发展时,可将现代信息技术充分融入企业人力资源管理建设工作中,并达到资源共享、信息建设、信息传递的目的,真正发挥出企业人力资源信息化建设的各项优势,不断提高企业人力资源管理效果。

一、人力资源管理信息化建设的必要性

(一)优化人力资源管理

企业在漫长的发展历程中,经历过了许多的变革与创新,在漫长时间的摸索中生存下来,离不开管理者的重要决策,以及全体工作人员的汗水。人力资源管理者作为企业的主要领导力量,需和企业共同作战。人力资源管理贯穿整个企业管理的过程,有着非常重要的位置,如果人力资源管理工作出现漏洞,企业要能及时发现,并实施补救方案,保持企业正常运转。

信息化的变革,让企业的运营模式变得更为便捷,对于企业来讲,信息化的引入,促进了企业管理模式的转变,将传统的人力资源管理模式转变为了更加系统、全面的管理模式。这是加强企业创新的途径之一,也使企业在市场竞争中多了一份优势:人力资源管理完善了企业的发展路径,减少了不必要的支出,推动网络技术的使用,切实将企业的利益最大化。

---

① 张凤.企业人力资源管理信息化建设的创新途径探索[J].中国商论,2020,(11):83-84.

（二）促进企业人力资源管理质量的全面提升

在市场竞争环境下，许多优质的企业层出不穷，企业都会在竞争中显示出自己的优势，来吸引高质量的员工。提升企业的人力资源管理质量，是留住人才的方法手段之一。在激烈的市场竞争中，需要大量的优质人才来帮助企业实现在市场中的竞争优势，发挥出企业最大的潜能，而留住人才的一个重要环节就是实现人力资源管理的优质化服务。人力资源管理已不再限于传统的人事方面，为适应市场需求，人力资源管理的管理模式也进行了革新，加入了许多的新元素、新要求，可以很好地让人才在企业中发挥出自身的潜能，创造出更大的价值。因此，人力资源管理的高质量实施是企业发展的潜力所在，也是员工对企业主要的认同感来源。想要获得员工的认同感，需要优质的人力资源管理来实现。

（三）充分发挥出人力资源信息化管理的重要作用

第一，我国现在已经进入全面信息化社会，随着时代的发展，技术取得了长足的进步，信息技术已经广泛应用于各个领域，包括人力资源管理。通过分析研究发现，人力资源信息化是一种全新的管理模式，它增强了管理的综合性，为更好地管理和控制人才创造了更广阔的管理平台。通过信息技术的应用，改变了原有企业陈旧的管理模式，提高了信息化管理水平。因此，为了提高人力资源的综合管理水平，我们必须进行相应的改革，以确保人力资源信息管理发挥重要作用。

第二，通过人力资源管理信息化管理系统，可以实现企业人力资源综合管控，逐渐提升人力资源的管理效率，减少人力的应用。人力资源信息管理系统主要是利用计算机信息技术，通过载体的转变，实现信息数据的获取。然后通过后续的信息传输，确保高速度的信息交流，发挥出信息的实效性。因此，在企业人力资源管理中，综合地应用信息技术，可以全面提升管理的水平，发挥出信息技术的重要作用，减少企业内部人力资源管理的流程，提升管理的综合效率，充分发挥出人力资源信息化建设的重要作用。

二、人力资源信息化建设的意义与价值

（一）人力资源信息化建设的意义

1.提高人力资源管理效率

目前是全球化、市场化、信息化的社会，在新经济条件下，企业人力资源管理必然要发生相应的变化。因此，企业人力资源管理模式必须按照组织发展规划与社会发展趋势等各个因素，提升人力资源信息化建设的整体管理水平，充分认识到自身发展的需求与规划等，增强人力资源管理的信息化建设水平，保证工作人员能够正确认识到人力资源信息化建设的重要性与必要性，以此提高企业人力资源管理效率。

2.优化现阶段人力资源管理流程

为充分发挥企业信息化建设的成效，可通过数据信息管理平台的建设，实现数据共享，构建数据库以连接各个人才数据库，实现信息资源的整合，提高信息的有效利用率与统一化管理水平；利用数据库及时完善人力资源信息等，保证人力资源管理过程中信息的高效处理分析。在数据信息管理系统中可以高效查询员工信息，在局域网中可以运行管理系统程序，确保各个部门能够及时调取需要的人员信息，针对各个部门设置相应的管理权限与查询权限，不断优化目前企业人力资源管理流程。

3.有效避免企业人力决策风险

在企业内部决策中，可有效发挥信息化技术优势，利用其全面的信息收集、信息整合、信息分析等功能，帮助企业在人力资源配置上做出合理的决策，提供正确的价值参考，以此充分调动管理层、员工以及人力资源工作人员的主观能动性与创造性，为人力资源管理信息化建设奠定基础保障。这也成为有效促进信息技术与企业人力资源社会保障工作深度融合的一项重要举措，为提升企业用工管理信息化水平，推动劳动关系的规范、便利、高效建立奠定了基础。

（二）人力资源管理信息化的价值

现代的人力资源管理信息化优势还有许多，而且不只局限于网络的便捷性与自动化。人力资源管理信息系统的价值主要体现如下：

第一，人力资源管理水平与效率加强。计算机网络与数据库，将会让人力资

源管理变得更加合理有序，进而让人力资源管理的能力变强。传统的录用信息，统计相应的员工考勤、工资以及招聘等相关信息，大量占用人员的时间与精力，工作效率也会大受影响。而工作效率的降低，还会让人工失误出现，造成企业的直接经济损失。员工的自助服务与信息的共享等，都让人力资源管理变得格外方便便捷。

第二，人力资源管理的成本尽可能减少。人资部门弱化使用纸质产品，人力等信息不再纸质而造成浪费。员工将会因此提高对企业人力资源管理的安全感。

第三，人力资源管理流程规定化。新劳动法的相关规定，让招聘流程逐渐规范化，过去那种不规范的行为，已经触犯了法律的相关规定，让企业的发展受到威胁。另外，人力资源信息化系统，不能人为改变流程的严谨性，系统操作更加合法合规。

第四，企业内外部的联系让企业规模逐步变大，企业部门与员工间的关系可能会很紧张，此时沟通就显得格外重要。网络可以让全体职员的沟通交流畅通无阻，更可以让人才、技术等互相共享，让市场竞争力大大提升。

三、人力资源管理信息化的工作形式

第一，电子化招聘。由于网络具有迅速、便捷、顺畅等种种好处，目前已经成为炙手可热的获得人力资源讯息的方法。电子化招聘的优点：①在招聘中能够更加宽泛，全面；②在招聘中，节省不必要的招聘成本；③招聘的形式比较灵活，能够将页面向全世界展示，甚至可以实现全天性的浏览，让招聘者能够随时发布信息，并让招聘方与应聘方实现全面的沟通与互动。

第二，电子化沟通。在互联网时代，企业需要让信息更广泛地推广，拥有更好的社会效应。在网络化的协商中，可以通过官方的微博、微信以及公众账号等进行信息的发布与宣传，并让电子化沟通更加有效果。企业需要将成本降到最低，让员工之间能够有更加良好的沟通方式，还可以将人力资源服务推广到企业内部。

第三，电子化人事管理。在人力资源部门，很多的工作涉及行政事务工作。职员的基本信息通常也是放在文件柜中。电子化人事管理显然就是比较理想的搜索方法。将数据库与人力资源相互联系，可实现报表分析的强大功能。

第四，电子化培训。电子化的培训指的就是通过网络，利用多媒体，实现全程交互式的培训方式。电子化培训让培训工作变得简单易行,将知识通过互联网,迅速准确地传递给员工。通过电子化的培训,纸质媒介以及维护测评等活动都可以便捷化解决,实现真正的节能减排。而且,培训的灵活性,让员工不再拘泥于旧有的模式,可以合理安排时间;网络课程开始更加多样化,教师开始运用更多的精力,将员工的潜能激发出来,让职员能够投入学习中。此外,培训、测评等活动,也让培训形式变得多姿多彩,而企业的学术氛围,也开始变得更加浓厚。

第五,员工自助服务。这项功能可以让员工顺利、自由、高效地在员工界面进行操作,将薪酬、培训以及个人家庭情况等信息及时更新,让自己的个人页面能够随时被管理者察看,方便管理。企业进而可以对其加强培训,做好休假、培训等各类人力资源管理工作。

第六,电子化绩效管理。电子化绩效管理,通常也有统筹规划的职能。人力资源管理部门管理人员,通常会直接做好绩效管理工作,以e-HR系统为媒介,让企业经理和职员收到自己的具体任务。被考核人只需将自己的系统界面进行资料完善,尤其是绩效资料,更新后提交给上级领导。一目了然的员工情况将会让领导的审批更加简便,流程更加迅速,而数据也会更加真实有效。在这个过程中,绩效管理也会得到更好的实施。

四、人力资源信息化建设的完善措施

(一)改变原有的陈旧观念

第一,企业应转变传统的管理理念,明确认识到企业人力资源建设的重要性,并依托信息化建设不断完善内部结构,以完善的知识能力体系重新审视自我,掌握现代化管理理念,并用于企业信息化建设管理中。

第二,真正以企业长久发展为前提,明确人力资源信息化建设的目标。在合理利用信息化平台后,应利用互联网技术满足企业人力资源各项管理要求,并从制订规划开始不断细化具体的业务。

(二)领导者需注重人力资源信息化建设

企业领导作为一个企业的核心,其意识和决定往往能够决定一个企业的风向，只有领导者注重信息化人力资源管理的建设，才能带动整个集体的正确风向。领导人有着风向标的作用，只有改善企业领导人对人力资源管理的理念，才能加速信息化的发展。只有领导人对信息化的建设重视起来，才能更多地往人力资源管理方面注入更多的资金以及精力，这样整个企业才会更加重视信息化人力资源管理。只有信息化人力资源管理加速发展，才能推进整个企业的发展进程，毕竟人力资源管理是贯穿整个企业的业务，与企业和员工都有着重要的联系，是一个企业的精气神所在。由此可见，通过先进的信息化人力资源管理能够促进工作高效率地进行，建立起员工对企业的集体荣誉感，激发员工的创造力，充分发挥出员工的价值。

总之，人力资源管理贯穿整个企业管理流程，也关系着企业的发展，是一个企业的中心环节。一个企业的凝聚力会通过人力资源管理的效果，直接反映出来。现如今人力资源管理并不只限于传统的管理层面，加入了许多新元素和思维模式，人力资源管理的任务就变得更加沉重了，亟须利用信息化工作运营，更好地管理企业的业务，实现员工与企业共赢的局面。通过人力资源管理信息化的构建，可提升企业的核心竞争力，保持企业在竞争中的优势，推动其稳定发展，适应新时代。

（三）顶层设计

人力资源管理的信息化是一个长期的过程，需要企业人力资源管理部门制定与之相匹配的人力资源管理制度。相应的人力资源管理制度需要满足企业发展和长期建设的需要，企业也需要给予相应的资源来实施人力资源制度。在企业信息化建设中，应促进管理流程规范化，并科学合理地推动企业信息化建设水平不断提升。企业在信息化建设中，应明确将信息化建设流程全面融入企业人力资源管理体系，并以此结合企业的实际情况，对现有制度进行完善。

在此背景下，企业的人力资源管理体系应从以下方面进行设计。

第一，企业管理者需要研究现有的人力资源管理体系，充分发掘其不足之处。管理者可以组成几个人力资源管理部门负责人小组，深入其他部门进行调研，掌握其他部门的需求。

第二，总结各部门对人力资源管理信息化的需求，为企业构建人力资源管理信息化体系和顶层设计提供参考。

第三，组成专家团队对完成的人力资源管理信息化方案进行评估，主要从可持续性、可实施性、科学性三个方面进行评估，得出判断结论。

（四）完善基础设施建设

完善基础建设是做好企业人力资源管理信息化建设的基础，企业需要加大资金与技术投入，加强人力资源管理的办公自动化建设，改变以往单纯依靠人工收集处理人力资源信息的办公模式，实现办公业务处理、流转、管理过程的电子化与信息化，从而提高办公效率。

第一，加强互联网技术的应用。在企业人力资源建设管理中，应真正加强互联网技术的应用水平。企业人力资源管理体系在支撑企业的发展战略时，企业人员结构及企业对人力资源系统平台的建设应更加务实高效。应通过建设人力资源管理信息化系统，建立覆盖企业全员的信息系统数据平台，完成"一人一档"等各类统计分析，实现人员基础信息数据的便捷高效管理。

在企业信息化建设中，应利用互联网技术彻底改变传统的人工处理方式。通过人力资源信息系统实现数据的分析处理功能；通过人力资源管理信息系统建设与系统接口设置，促进企业实现人事数据与财务数据、OA工作数据等平台数据对接，且通过OA系统单点登录自助完成组织管理、人员管理、薪酬管理等人事管理业务。在人力资源管理中，大数据技术可帮助企业发现更多的发展机遇，为了打造核心竞争力，企业可外包没有竞争优势的人力资源模块，充分发挥数据挖掘上的优化和创新。例如，企业可通过优势互补，把具备竞争优势的业务保留下来，把其他业务交给更加专业、具备成本优势的机构来完成。

第二，加强软硬件基础设施建设，硬件设备包括计算机、打印机等通信设备、信息存储器等，软件设备包括决策支持系统、管理信息系统、各种数据库以及图像、文字、声音、数据处理系统等，通过加强软硬件设备，为企业人力资源管理信息化建设提供必要的设备支持。

第三，打造资源共享平台，这是企业人力资源管理信息化建设的重要内容，要加快对人力资源部门内部局域网的建设，将各部门连接起来，建立企业人力资源网站，公开人力资源管理工作，提高工作透明度，通过建立资源共享平台，提高各部门办公效率，确保计算机技术与网络技术在企业人力资源管理中充分发挥出其价值。

（五）完善人力资源系统

在企业人力资源系统中，应通过全流程的线上管理制度，灵活匹配各个部门的不同需求，这样不仅能提升HR的工作效率，同时也能完善企业内部一体化建设需求。

企业应合理利用信息化管理系统，自动采集员工的基础信息，企业员工的转正、调岗、离职等均可全流程在线操作。例如，以往采用线下门禁打卡的方式，员工经常会出现排队打卡现象。从门禁提取员工考勤数据也很麻烦，而且无法设置复杂的考勤方案，增加了人工核算考勤的工作量。对此，可利用信息管理系统支持企业员工线上远程打卡的功能，摆脱排队打卡的问题，节约员工时间。

信息管理系统可以帮助企业实现统一管理。一个平台即可查看全部企业或部门的人才数据，使各业务人员运营情况一目了然。同时，在不断完善人力资源信息化建设时，可利用信息化技术手段将企业所有组织纳入信息化管理平台中，并实现闭环管理效果。在探索企业人才管理流程监管时，可在信息化管理系统中实现动态预警，规避人才流失风险，提升人员岗位调动效率。要不断加强企业对人力资源管理的控制力度，建立规范、协同、共享的管理制度，以信息化建设提升企业人力资源工作效率、管理水平，让企业认识到信息化建设在人力资源管理中的重要意义及优势。

（六）加大培训力度，培养专业信息化管理人才

在企业人力资源管理信息化建设中，应对管理人员定期开展信息化技能培训，要不断强化培训力度，以此转变员工传统的管理思想，真正以信息化建设促进企业人力资源管理效能不断提升。在让员工适应新的管理系统时，应积极通过开展培训教育工作促进人力资源信息化系统的应用效果不断提升，让员工与管理层适应信息化管理带来的变化，并利用信息化功能实现人力资源管理结构的调整。

第一，在企业开展培训时，应明确培训的内容、培训的时间以及企业管理人员的实际情况，在做好全面的准备工作后，应帮助管理人员在短期内掌握信息化建设的知识。

第二，在培训完毕后，应通过考核环节考察管理人员掌握信息化建设的能

力，并依托当地具有丰富高校教学经验的教师对企业人力资源管理培训提出建议，合理提升培训力度，切实提升企业人力资源管理信息化建设水平。

总之，随着科学技术的不断发展和进步，信息技术将被广泛应用于人们工作和生活的方方面面。现代企业越来越注重人力资源管理工作的重要性，因此，在现代化企业发展中，应全面提高信息化建设水平，并依托互联网、云计算、大数据等新技术，全面实现人力资源管理与信息化技术的结合，真正发挥信息化建设的优势；不断增强人力资源管理人员的信息化建设观念和应用技能，加强与其他部门的信息沟通，加强部门间的协作能力，助力企业管理能力得到全面提升，有力促进企业实现高质量发展。

第三章　数字时代人力资源信息化建设

随着数字化时代的全面来临，信息技术被应用到各行各业，显著地提升了管理质量，降低了管理成本。在人力资源管理方面，主要表现为利用信息技术，构建更为智慧化的人力资源管理模式。本章对信息技术在人力资源管理中应用的积极作用、人力资源管理数字化转型、人力资源管理中人工智能技术应用、人力资源管理中机器学习技术应用进行论述。

第一节　信息技术在人力资源管理中应用的积极作用

"当前随着现代科学技术发展，网络信息技术进步，人类社会迈入大数据时代，大众日常生活、学习以及工作产生了极大的改变。"[1]信息技术保证了人力资源的管理质量，同时也使得管理理念、管理模式更趋于现代化，这是由于信息技术的应用可以有效地突破人工管理模式的滞后性与局限性，加速了企业管理现代化的进程。信息技术在人力资源管理中应用的积极作用如下：

一、有利于降低管理成本

不可否认，信息技术在各个领域发挥着越来越重要的作用，不仅提升了管理

---

[1] 许旭.大数据时代企业人力资源管理变革策略的分析[J].老字号品牌营销，2022，(06)：156.

质量，与之相应地，企业的管理成本也随之得到了有效控制。这是由于信息技术独特的数据分析、总结优势，能够为人力资源管理提供更多有参考性的信息，避免在人力资源管理中出现疏漏与失误。除此之外，人力资源效率与质量的提升，意味着能够以最少的人力投入获得更大的产出，这是企业良好经济效益实现的前提。除此之外，信息技术在人力资源管理中的应用，有效地提升了人力资源管理的透明度，能够利用信息技术优势将一些相关的招聘、晋升、管理政策及时公布，同时接受监督，有效地避免了暗箱操作，为企业更好地生存与发展争取更加广阔的空间。

总之，人力资源管理质量的优劣关系到企业可持续发展目标的实现。在信息化时代背景下，应用信息技术对人力资源管理过程进行优化，切实提升人力资源管理质量和效率已是大势所趋。除了应用先进的信息手段之外，还要积极转变人力资源的管理思路、优化人力资源管理制度，对困扰和阻碍人力资源管理的因素进行改革和完善，不断创新人力资源管理路径，将人力资源管理的效用充分、高效地发挥出来，做好人力资源的储备、输出与利用，促进人力资源管理再上新台阶。

二、有利于提升管理效率

人力资源管理虽然具有一定的复杂性，但同时也具有一定的重复性特征。因为，人员的流动过程周而复始，每个阶段、不同时期都会产生大量的人力流动需求，相应的流程必须重复一遍，尤其是在人力资源管理中必然反复面临的人才储备、人才教育培训、分配、管理等程序，所以说人力资源管理的程序烦琐，而且工作量极大。同时，人力资源管理部门还与相关的人力使用部门、财务管理部门、后勤部门等往来密切，时常需要就某个数据或是问题进行反复的沟通、确认，过程十分烦琐，这就导致人力资源管理的日常工作量大，且容易由于人为的因素出现疏漏。在信息技术问世之前，人力资源管理在沟通环节，都是面对面地反复沟通、确认，以及就各项信息进行审批，导致过程十分长，人力资源部门的工作越积越多，效率得不到提升。而信息技术在人力资源管理中的应用，一方面使得沟通渠道变得十分便捷、畅通，利用平台或是软件可以实现实时沟通、确认，而且对于相关凭证的保存、利用更加高效，大大地节省了往来沟通、确认的时间；另一方面，在一些报表或是数据的汇总以及分析上，信息技术更是具有无可比拟的优势，通过人力资源管理系统的相关模块可以对各种报表以及数据进行批量化的管理和分析，显著地提升了人力资源管理的效率。

三、有利于提升管理质量

人力资源的管理是企业经营管理中的重要一环，也是一项系统性的工程，牵涉到人员的招聘、培训、入职、升职、离职、考核等多个环节，而每一个环节的变动必然延伸出大量的人力管理信息更新需求。在传统模式下，这些信息都是依靠人工更新。

信息技术在人力资源上的应用可以很好地避免这些不利因素，比如，在人力资源档案上的应用。人力档案管理工作烦琐，在传统管理模式下，都是通过人工收集、归纳、整理、存放，一旦有新入职人员或是人员岗位变迁、薪酬调整就需要重复既往流程。在这个过程中，如果更新不及时、操作不到位，极有可能导致人力档案的更新出现失误，严重影响人力资源信息的准确性。而利用信息技术进行人力档案管理，为人力档案资源的收集、整理、管理、利用开辟了新路径。利用信息技术，比如大数据技术建立起数字化的人力档案管理系统，能够很好地突破传统人工管理模式的封闭性与滞后性，不仅能够显著增强管理效果，而且可以在短时间内迅速提取各部门所需的人力资源信息，提高人力资源档案的利用率，提升人力资源档案管理的成效，使人力资源的档案管理更加优质与高效。人力资源信息化管理系统的应用，能够将企业内人员流动、管理、升迁等各个过程、各个环节的变化进行精准跟踪与定位，不仅能避免传统人工管理模式下容易出现的错漏问题，以及暗箱操作问题，同时还能够显著地提升人力资源管理的质量。

第二节　人力资源管理数字化转型

人力资源数字化是企业数字化转型中的重要部分，是由表及里、由下至上的多层次变革。其核心价值在于盘活人力资源管理中的各项数据，重塑管理与业务流程，达成提升企业管理效能、优化员工工作体验的效果。基本定义上，人力资源数字化的主体为企业的人力资源部门，狭义上指在人力资源部门内部进行数字化转型，广义上则指将人力资源业务融入企业运行生态，与企业数字化转型形成交互配合。在实施流程中，人力资源数字化往往通过云与人工智能等技术对底层数据进行分析预测，进而赋能企业决策，并在文化层面培养员工的数字化心智，形成数字化管理的文化氛围。

一、人力资源管理数字化转型的意义

人力资源管理不仅是企业管理体系的核心功能，也是获得持续竞争力的关键所在，还是企业数字化转型的重要基石。人力资源管理数字化转型应该结合企业自身的现实基础，充分利用基本要素并依据基本逻辑来确定合适的转型模式和实施路径，如此才能为企业系统性变革提供有力支持。

面对新的时代要求，推动数字化转型已经成为企业经营管理活动的重要内容。数字化转型不仅强调运用数字化的工具、技术和手段来提升企业的运营效率和效益，如利用人工智能、大数据、云计算、区块链和5G等数字技术来对企业内外的核心要素、关键环节实现数字管理，还注重推动技术、人才、资本等资源配置优化来实现组织内部的系统性变革，如加速业务流程、生产方式的重组来达到提升企业竞争力的目的，以及创造出新的数字场景、价值增值来服务持续发展。

在数字化转型的过程中，企业会根据自身基础、发展基础、技术储备、战略意图等围绕不同的功能和业务来采取不同的模式和路径推动其转型，并形成各种不同的形式和内容。其中，人力资源不仅是企业持续成长与发展的核心要素，也是获得竞争力的关键所在。人力资源管理数字化转型是通过充分发挥数字技术和数字系统的优势来探索和改变人力资源管理模式，进而实现革新发展理念、创新操作工具、优化业务流程、赋能运营管理、创造价值增值和提升整体效能，以增强企业竞争力的整体性变革活动。推动人力资源管理数字化转型是企业应对客观环境变化的必然选择，也是企业实施数字化转型的重要基石，可以促进企业内部战略、结构、职能和流程等进行全方位、立体化的变革，有助于企业在市场竞争中取得竞争优势。伴随着数字化转型的深入推进，人力资源管理活动在数字技术的加持下会改变传统的运作模式。

二、人力资源管理数字化转型的要素

人力资源管理数字化转型是利用数字人才、数字工具、数字管理和数字场景等基本要素来对人力资源管理的各个方面进行全方位升级。其中，不仅需要对传统的发展思维、管理逻辑进行转型，还要调整组织结构，强化业务转型，形成新的运作方式、业务形态和管理模式，并构建出具有企业自身发展特征的数字化生态体系，如此才能为企业整体运营管理活动提供有力支撑。

（一）核心要素——数字人才

数字人才是人力资源管理数字化转型的核心要素，是指企业内部具有数字化意识、熟练掌握和使用新一代信息和通信技术、能够提供数字产品或服务的员工。与普通员工相比，数字人才除了具备从事人力资源管理活动的基本能力之外，还能熟练应用各种数字技术和工具。

数字人才在人力资源管理数字化转型中占据主导地位，会根据企业内外部环境的最新发展趋势和变化，将人力资源管理技能和专业化数字技术相结合，以数字化思维来管理、组织和推动人力资源管理相关业务的运营和变革。

（二）重要基础——数字工具

数字工具是人力资源管理数字化转型的重要基础，也是人力资源大数据管理的核心所在，可以为人力资源管理的数字化和智能化提供强大的数据、技术、信息和平台等支撑。

数字工具的主要功能在于能够科学改进人力资源管理活动的操作手段、业务活动和工作流程。例如，利用远程办公系统等数字平台工具来消除传统意义上人力资源管理在时间、空间上的壁垒，实现员工事务线上处理，提高办事效率，提升员工体验，克服员工在时间和任务进程上不同步的阻碍，以确保各项管理活动高效开展。为了提高企业人力资源管理活动的效率和效益，一些科技公司也围绕人力资源管理的相关业务开发出各种操作性数字工具，如社保云、红海云等将数字思维贯穿人力资源管理的"选、用、育、评、留"等全过程，包括全面收集和挖掘涉及人力资源的相关数据，打造员工数据库，建立人才评定数据体系等。

（三）现实基础——数字管理

数字时代的人力资源管理模式、流程和内容等都将发生深刻变革，更加强调充分运用大数据、人工智能和其他数据处理技术来获取、分析与人力资源管理相关的有价值数据来实现科技赋能，创造新的人力资源管理模式，实现人力资源管理的流程化、自动化和智能化以适应数字时代的现实需求。

人力资源数字管理是搭建数字化网络平台，使高度程序化与自动化的人力资源管理模式得以初步构建，在企业内部形成人力资源闭环管理模式并融入企业整体的数字化转型战略中。随后，通过加快人力资源管理数字化改造，加强人力资源数据应用的精细化管理，打造数字化系统，为企业发展提供有力的保障和支撑。完成对招聘、培训、考核、薪酬以及职业发展等人力资源管理活动内容的数字化处理，同时挖掘、搜集有价值的数字信息来"建库"。在企业内部打造"数字孪生员工"，利用数字技术来分析员工的日常行为和工作表现，精准预测员工的工作绩效，为企业发展提供各种所需人才，如此才能使得企业各项活动变得更加高效、快速，塑造出新的控制、协调和合作模式。

（四）最终效果——数字场景

人力资源管理数字化转型的最终效果是搭建数字场景来更为直观地展示人力资源管理相关活动，促使部门之间的协同效率大幅度提升，帮助企业制定科学决策。数字场景以人力资源数据（包括内部数据和外部数据）为基础，研发监测分析模型，来描绘当前和有效预测未来人力资源管理面临的问题和挑战，促进人岗精准匹配，降低劳动力资源错配的一种运营管理模式。数字场景建设可以构建数字化人力资源生态系统，利用智能化数据分析来绘制多维度员工画像，了解当前企业员工的行为、态度、情绪和供给等现状，使企业的工作界面、交流模式等得以创新，为组织和个人提供智能化、人性化和定制化的人力资源服务产品。在此基础上，企业各部门的团队协作也会拥有数字化特征。例如，通过数字平台、应用以及服务方式的改变来提升员工体验，为业务发展提供实质性的帮助以实现降本增效。

总体来看，我国企业的人力资源管理数字化转型处于起步阶段，未来仍有很大发展空间，蕴藏着巨大的潜力与价值，是企业实现持续发展的一项重要内容。加速人力资源管理数字化转型进程，可以充分发挥云计算、大数据、人工智能、移动化和5G等数字技术和数字系统的优势来促进人力资源管理活动实现全方位、立体化和整体性变革，包括建立业务生态、推动企业变革、创造价值增值等，为企业内部进行战略、结构、职能、流程等方面的数字化转型提供有力支撑，持续创新其形态和运用场景，有助于企业在市场竞争中取得竞争优势。

三、人力资源管理数字化转型的实施措施

（一）评估转型的现实基础

在开展数字化转型之前，企业首先需要清晰地认识当前人力资源管理功能和业务的现实基础并开展内部评估，探究数字化转型的潜在模式和实施路径。

企业需要认真研判自身的需求、资源和能力，包括基础设施以及数字化能力、运营管理能力以及员工所具备的技能等。在此基础上，进一步去思考自身的数字化发展理念，判断数字化转型工作是依靠自身还是对外合作，哪些能力可以由内部构建，哪些能力通过合作伙伴或其他方式获取，以及需要在组织结构上进行何种变革，需要哪些技术创新，对业务流程和功能需要进行怎样的调整，以及建设数字化体系所需的人才、资金等。

（二）制定企业数字化转型战略

企业一旦确定进行人力资源管理数字化转型来进行自我提升，首要任务就是要明确发展愿景，制订战略规划。随后，企业需要在理念统一、目标设定、路径选择、要素投入等方面进行统筹规划、顶层设计和系统推进，确定实施团队，构建符合数字化运行特点的组织结构和激励机制，从体制和机制层面来保障数字化转型变革获得成效。具体工作包括：主导推动数字化战略制定，实施行动计划以及时间进程等；重点认识在推动数字化转型后，企业的人力资源业务模式创新，可能存在的功能变革等；确定在数字化转型过程中需要投入的人、物、财、技术等关键要素，并推动后续的要素整合；加强对技术创新人才、数字化应用型人才、数字化转型管理型人才等的培养，进一步提升员工数字技能等。

（三）加快企业数字化转型设施建设

搭建数字平台是企业实施人力资源管理数字化转型的重要内容，一般情况下可以通过两种方式来实现：一是直接采购外部成熟运作的数字平台，包括专业化服务软件等来赋能自身管理平台的数字化升级；二是完全依靠自身科技部门来自建数字平台，进一步汇聚内外部资源来推动资源汇聚以支撑数字化转型的各类变革。

无论采取何种方式，都要求企业必须能够形成"云基础设施+云计算架构"，充分运用5G、物联网、云计算等数字技术，推动硬件设施的系统、接口、网络连接协议等向标准化升级，形成支撑数字化转型的基础底座，完成对设备、软件、数据采集和应用等的数字化改造，确保对设施数据的采集和传输，高效聚合、动态配置各类数据资源。

（四）实施业务数字平台的管理和运作

真正让人力资源管理数字化转型成为价值创造源泉的核心在于能够通过数字平台的管理和运作来提升内部活动的效率和效益，以及与外部市场进行有效对接。人力资源管理数字平台管理和运作的关键是针对人力资源业务数据进行统筹规划、统一存储和统一管理，搭建算法库、模型库和工具库等，并通过业务系统数据的弹性供给和按需共享，以各类数据融通支撑数据应用创新。具体而言，通过数字技术来收集数据并从中提炼、存储有效信息，建立人力资源数据库，以便进行后续的数据挖掘与分析。例如，针对每位员工建立个性化标签，包括工作状态、个人成长、学习培训情况等。随后，利用专业的数字技术对涉及人力资源的相关数据进行预测与评估，包括对人力资源配置水平、员工的竞争力水平、职业规划与培养、薪酬平均水平等方面进行测评，以便制定高效的战略决策。

（五）创造内部人力资源管理数字场景

实施人力资源管理数字化转型最重要的功能是能够利用可视化场景展示来实时了解企业内部人力资源管理活动的动态，及时发现潜在的风险点，并对未来一段时间的员工业绩和表现做出精准预测。具体而言，根据自身组织特性、业务流程特性，围绕业务场景和任务目标，应用数字化工具和手段对人力资源管理的运行状态进行实时跟踪、过程管控和动态优化，并以此作为数据化的核心驱动来对人力资源数据进行全面分析。例如，利用模型数据从招聘候选人面试、录用、转正、培训、考核再到晋升的全过程，为每个岗位、每位员工形成数字画像，并通过不断完善和更新来为各类数字化场景输出决策支撑，从而实现人员的科学管理和精确管理以服务经营活动的开展。

（六）打造人力资源管理数字生态体系

人力资源管理数字化转型除了需要更好地满足对员工行为、工作内容等方面的数据进行分析来实现后续精准预测，还要将涉及人力资源活动的有效数据作为创新的源泉来推动企业打造人力资源管理数字生态体系。

在企业内部打造以人力资源为核心内容的数字生态圈，掌握从人力资源配置、合同签署，到员工管理、技能培训，再到用工咨询的人力资源全流程服务闭环，从而提升整个服务过程的可视化程度，做到及时洞察分析，确保服务规范性，提高整体服务效率，推进企业战略有效执行和持续发展。

（七）数字化转型效果评估和实时改进

人力资源管理数字化转型是一个连续过程，需要进行动态评估来保证其按照预定的目标和方向持续实施。例如，可以从创新、经济和社会三个方面来对数字化转型效果进行评估。其中，创新效益主要强调企业通过利用新一代信息技术的赋能，促使人力资源管理的业务体系和价值模式实现转变，实现价值体系优化、创新和沟通，以及在提升核心技术创新能力、促进创新成果产业化等方面取得成效。经济效益主要是强调通过数字化实现的经济收益，包括降低成本和风险，提升业务管理、人员配置的效率等。社会效益主要是强调带动社会就业等方面的社会责任和价值升级，确保不断推进各生态体系的改善和效率提升。如果未能实现上述效益，则需要具体分析在实施过程中可能存在的偏差，及时建立纠错机制。

如今，数字经济已深入渗透到社会经济的各个层面，在很大程度上影响着不同产业领域的发展，并成为当前最具活力、最具创新力、辐射最广泛的经济形态，是国民经济中的核心增长极之一。在云计算、大数据、物联网、人工智能和5G为代表的新一代信息和通信技术的推动下，人力资源管理也开始进入一个全面感知、可靠传输、智能处理、精准决策的万物智联时代，即以数字化的知识和信息为关键生产要素,以数字技术创新为核心驱动力,以现代信息网络为重要载体,不断提高人力资源管理活动的数字化和智能化水平。面对未来发展动向,人力资源管理数字化转型不仅不能降速,反而需要积极结合未来趋势来加速创新,主动思考在新时期的功能定位和转型方向,积极探索创新突破的方式和路径,如此才能形成推动企业发展的新动能来服务市场竞争和持续成长。

第三节　人力资源管理中人工智能技术应用

人工智能是研究、开发用于模拟、延伸和扩展人的智能的理论、方法、技术及应用系统的一门新的技术科学。人工智能亦称智械、机器智能,指由人制造出来的机器所表现出来的智能。通常人工智能是指通过普通计算机程序来呈现人类智能的技术。通过医学、神经科学、机器人学及统计学等的进步,有些预测则认为人类的无数职业也逐渐被人工智能取代。

一、人工智能与人力资源的关系

中国是人口大国,拥有巨大的人力资源存量,协调处理好人工智能时代的劳动就业关系,维持良好的社会稳定秩序,才能获得长久可持续的发展。在人工智能时代管理好人力资源的关键,就是能够正确理解人工智能与人力资源的关系。技术进步与劳动就业之间是一个此消彼长的动态过程,那么人工智能与人力资源之间就并非替代与被替代的"敌对关系",而是一个动态适配、融合互补、和谐共生的"伙伴关系"。

（一）动态适配

从个人层面来说,对人工智能技术及其智能化的完全接受需要一个过程。实际上,日常生活中的任何新兴技术都有一个从警惕到依赖的情绪过程。一个专注于创新适应性的研究团队发现,人们对一项新兴技术的态度大都包含期望、相遇、接受、适应、融合、认同等六个阶段。

当人们获知一项新技术，首先会去了解和估量其功能效果，并会预先形成某种期望和印象；当第一次在日常生活中遇见或使用这项技术时，大都抱着试一试的心态，如果与预期不符，甚至可能会出现抵制和拒绝；经过一段时间的试用以后，随着对技术特征和功能细节的越加熟悉，开始逐步接受；随后进入适应阶段，人们会调整自己，做出某些改变来适应新技术的要求，这个阶段也是人们对新技术萌生情感的阶段，有些人会很兴奋地向周围人诉说和展示新技术带来的不同体验；当新技术完全融入日常生活后，人们会产生强烈的情感依赖，并赋予它个性化和意义感，这便是融合阶段；最后是认同阶段，新技术带给人们的价值已经超越了实用功能本身，还附着有社交联系、社会认同等价值的情感工具，成为生活中不可割舍的一部分。简言之，人工智能融入人类工作和生活，既是人工智能的调试完善过程，也是人力资源的接受适应过程。

（二）融合互补

随着人工智能与大规模生产的深度融合，人工智能技术和智能机器人必然成为新型社会分工的重要组成部分。人力资源的劳动方式将从单一性向复合性、从体力劳动向智力劳动、从机械化操作向个性化问题解决等方向发展转变，而人工智能将替代完成原有的劳动工作，形成人机互补的融合发展局面。同时，人机融合不仅仅是分工上的互补，在组织决策层面，人机合作能够突破组织边界、打通信息壁垒、充分利用智力资源，做出的决策更加准确和稳定。

人工智能与人力资源在空间、内容和技能上的融合互补，已经成为世界各国的普遍共识和发展方向。

（三）和谐共生

人类社会正在由以计算机互联网为核心的信息社会，迈向以人工智能为关键技术支撑的智能社会。智能社会不只是一个简单的人工制造机器、控制机器的时代，而是一个由人工智能发展而构建起来的新社会形态，也是一个包含人机协同、人机结合、人机混合等多种人机关系的共生时代。人机和谐共生既能够促进自然、经济、社会与人的和谐发展，也能促使人工智能与人力资源的生产合作。当然，和谐的共生关系不只合作，也包括竞争。因此未来智能社会的竞争，不只是人类劳动者之间的竞争，同时还有劳动者与智能机器之间的竞争，在竞争中合作，在合作中竞争，达到人机共处的动态平衡。未来的人机关系是"共生"。

二、人工智能对人力资源管理的影响

（一）替代影响

"人工智能技术在生产生活各个领域广泛应用，对劳动力市场造成一定冲击。"[1]因此，人工智能对人力资源管理的替代影响如下：

1.劳动力替代

人们普遍认为，技术是经济进步与增长的主要原因，但技术变革也常常引起人们被新技术手段取代的担忧，即引发人们对被人工智能机器取代而导致失业的恐慌。

从理论逻辑上讲，人工智能必将打破现有的劳动力市场结构，但实际上由于环境不断变化，人工智能带来的技术进步在短期导致失业后，长期来看也会增加就业。事物发展具有利弊两面性，人工智能对劳动力的影响需要辩证看待，短期内人工智能驱动下的自动化技术的确会降低劳动力需求，对劳动参与、工资报酬等产生负面影响，但从长远来看，由于低端繁杂的劳动任务被大量解放，劳动力市场也会催生出新的就业岗位。

2.组织管理替代

环境变化是组织管理模式变化的动力。人工智能时代组织内外部环境日趋多变、复杂和紧张，企业的经营与管理也将随业务模式改变而悄然改变。内部而言，当组织管理的主要构成变成了与人相近的"智能"，传统以"人"为核心的组织价值观、业务分工、生产合作方式将受到严峻考验。一方面，层级组织模式将被开放式的组织模式替代。以科层制为代表的层级组织模式在传统的组织管理中具有重要的影响作用，但新的社会生产环境对信息传递方式、人才雇佣与协作模式提出了新的要求。个体与组织间的层级关系会转变为"联盟"关系，层次式的信息结构转为网络式信息结构。个体与组织之间也不再是层级从属关系，而是合作且平等的网络关系。

大数据分析、智能化、云计算等技术的引入，极大地简化了日常行政工

---

[1] 王林辉，胡晟明，董直庆.人工智能技术、任务属性与职业可替代风险：来自微观层面的经验证据[J].管理世界，2022，38（07）：60.

作，组织的人才管理工作效率和工作精准度能够大幅提升。尤其在人才甄选领域，人工智能通过情景化、游戏化等测评技术，在降低面试主观偏差、减少应聘歧视、搜寻匹配候选人等方面已经表现出突出的优势。但实际上更为核心的是，人才管理关注的重点不应再是事无巨细的"规则"，而应该是员工的"心智"。因为未来能够稳固维系人与组织联系的将从劳动契约变为心理契约，所以人才管理需要为组织创造新的价值，摆脱传统事务性工作，向更具创造性、更需理解力的工作转变，如塑造公平感、培养道德行为、营造互信氛围等。事实上，新时代的人力资源管理核心就是建立基于信任与尊重的新型劳动雇佣关系。

总之，人工智能一定会在某种程度上替代传统的组织与管理模式，人才管理部门应当积极尝试在不同的工作环节引入人工智能技术，并逐步提高其运用的频率和强度，尽早适应时代的发展趋势。

3.职业替代

现代社会的职业分类是建立在社会分工基础上的。人工智能带来的一系列技术革新正在颠覆固有的社会分工方式，人工智能技术较为成熟的应用主要集中于大数据分析、聊天机器人、机器视觉、自动驾驶等领域，因而类似计程车司机、资料输入人员、银行柜员、零售业店员、餐厅服务生等职业，被取代的概率高达99%；而需要创意或高度沟通技巧的职业，如医师、教师、作家、导游、律师等被取代的概率则低很多。

总体而言，大多数可能被人工智能取代的职业都是单调的、重复性的、机械呆板的、规则流程式的职业。相反，人类与生俱来的创意性、人际性、灵活敏捷性和直觉决策性，与人工智能相比仍具优势。

4.任务替代

对于当前人工智能引发的劳动替代，还存在另外一种观点，即人工智能替代的只是各职业中的一部分任务，而不是整个职业。无论未来是否会替代整个职业，人工智能目前已经在各个行业的具体场景中代替人类执行不同的任务。

人工智能所取代的劳动任务具有经济、技术和安全三个方面的特点：一是劳动成本较高的任务，运用人工智能替代人类能够获得更优的经济效益；二是劳动强度超出人类生理极限的任务，运用人工智能能够延伸人类的劳动能力；三是劳动风险较高的任务，运用人工智能替代人类能够保障人身安全。

5.技能替代

人类的认知模式在人工智能时代也会发生变化。就个体而言，在人工智能时代拥有创意、社交等软技能比拥有硬技术更具有职场价值。社会生产环境的变化本身就会催生工作技能的革命。由于人类存在主观能动性与认知可塑性，人工智能带来的技能替代并非对人类价值的否定。相反，如历次技能革命一样，应视其为新生的机会。前述可见，人工智能尚不完美，还需要进一步向人类的天性智慧学习进化。而人类也应把握好被人工智能解放出来的精力和时间，发挥自身优势，弥补人工智能的技能不足，人机合作方能共同推动社会的全面发展进步。

（二）积极影响

1.提升人力资源管理的质量

（1）提高招聘的准确性。招聘是人力资源管理过程中的第一环节，也是人力资源管理过程中必不可少的一环，密切关系到企业未来的生存与发展。以大数据和云计算为基础的人工智能，可以涵盖大量的人才信息，能很好地解决企业人才需求与市场上人才供给之间的移位问题。在简历的筛选上，人工智能依托其计算功能，科学地进行简历的筛选。无论是筛选速度还是筛选的简历与岗位的匹配度，人工智能都无疑远超人类。同时人工智能不受时间、地域的限制，能够同时对不同的候选人进行结构化面试，大大减轻了HR的工作负担。可见，人工智能有效地提高了招聘工作的效率及准确性。

（2）提高培训的有效性。教育培训是人力资本投资的根本途径，员工培训是实现人力资本增值的重要手段。人工智能可以提高培训的有效性。人工智能还可以提供给学习者个性化的反馈，提高其学习效率。人工智能中的大数据与预测功能，能根据企业所需，制定更完善的培训体系，同时可以通过AR模拟学习场景，以提高受训者的学习效果。

（3）提高绩效管理的规范性。绩效管理是人力资源管理活动中的一大难点。基于人工智能的专家系统可从用户方获取知识，建立自身的知识库与数据库，从而使绩效考核指标更加数据化和与实际情况更加匹配，克服考核中主观评价的随意性，避免绩效考核中的"人情分"，使考核结果更精确、更有说服力与可比性。

（4）提高薪酬制度的合理性。企业薪酬制度涉及企业各利益相关方的切身利益,薪酬制度的合理与否在很大程度上影响着员工的绩效表现和工作满意度。基于大数据的人工智能在薪酬设计原则(外部竞争性、内部公平性和激励)的指引下,可涵盖大量同等职位的薪资水平,充分回应包括城市的GDP及消费水平等因素,使得薪酬制度能够有效平衡市场行业薪酬数据和企业管理实际需要两个方面的问题。人工智能利用这些数据,通过建立数学模型分析薪酬与职位等级的相关性,从而更合理设置企业薪酬等级和薪资标准;同时,通过更科学的数据比对和计算,能够真正实现薪资的公平性,从根本上解决目前同工不同酬的问题。

2.降低人力资源管理的成本

(1)降低培训成本。虽然员工培训很重要,但是不少企业特别是民营企业却难以承受很高的培训成本。而人工智能的应用,将降低培训成本,这有利于提高企业高层对员工培训的积极性。一方面,人工智能可以代替重复性高的机械性工作,减少劳动力的使用,进而间接降低在员工培训方面的花费;另一方面,人工智能可以直接降低培训费用。人工智能对员工的培训是持续的、可以即时修改的,能根据员工的行为和企业的需求设计出更合理的培训方案,调动员工学习的积极性。在培训技术上,人工智能运用虚拟技术提高仿真性、安全性,有利于提高学习效率,减少培训的时间成本。

(2)降低人才流失成本。留住人才是人力资源管理工作者一直都很重视的主题。人工智能强大的数据挖掘功能,依据原有的内部员工数据,再引入外部数据后就能够精确地测算出员工的留任率,能及时测算分析出员工离职的原因,这就便于HR采取相对应的有效措施来留住人才,降低离职率,从而有效减少企业因人员流失造成的成本上的增加。

(3)降低劳动力使用成本。随着城市、工业、经济的发展,职业病的发病率逐年提高,工人猝死事件频发,尤其是制造业类的一线岗位,由于工作环境粗糙,工作内容单一,机械化操作多等,已经成为最高危岗位。目前由于劳动者素质的提升,愿意从事高危行业的人在减少,导致目前呈现出"用工荒""用工贵"等问题,增加了企业的人工成本。人工智能机器人的出现将打破这一局面,机器人能够替代人去从事危险系数高的工作,可以减少职业病的发生概率。同时,因机器人的效率远胜于人类,对于相同的工作量,机器人能够在更短时间内保质保量地完成。人工智能机器人的广泛使用可以推动企业极大地提升自动化程度,从而减少劳动力的使用,进而降低人工成本。

3.推动人力资源管理的变革

（1）促进劳动关系和谐。建立和谐劳动关系是近年来学界和管理实践中的一个热点话题。人工智能的引入，可以对可能出现的劳动纠纷进行有效预警，并对已经发生的纠纷进行系统全面的分析，推动企业建立起更加科学完善的劳动用工管理制度，对员工的权利和义务进行更明确的规定，从而减少劳动纠纷的发生，进而使企业专于战略发展的核心业务。

（2）解放人力资源管理者。不少企业的人力资源管理者为应对烦琐的日常性人力资源管理工作，不得不花费大量时间去处理事务性工作，而忽略人力资源开发以及人力资源战略管理。人工智能的应用，能提高人力资源部门的工作效率，将其从事务性工作中解脱出来，使其有更多的时间去深层次思考和实施人力资源开发工作。同时，人工智能的应用，也为人力资源开发提供了更为先进的方法和手段，有利于实现人力资源的精准开发、实时开发、有效开发，从而充分挖掘员工的潜能，调动员工工作积极性，为企业培养开发所需要的各类人才。因此，人工智能的有效使用，可以推动人力资源管理者从事更加有效的工作。

（3）提升战略人力资源管理能力。虽然战略人力资源管理在学术界研究得比较广泛，但真正重视和实施战略人力资源管理的企业并不多，特别是一些中小型企业，仍然是将其主要精力放在传统的人力资源管理几大模块的相关工作之上。这主要是由于战略的制定实施与人力资源管理的契合度不高。人工智能的应用，将使整个企业的生产经营运作围绕企业战略目标进行，通过实时化分析数据和智能化指挥中心，能使人力资源管理的各项工作紧密围绕企业战略开展；人力资源管理者将把更多的精力投入战略人力资源管理中，使人力资源管理更好地为业务服务、为客户服务、为战略服务，也使得战略人力资源管理不是一句空话，而是真正落到实处。

三、人力资源管理中人工智能的应用策略

（一）推动人力资源管理变革

1.推进数字化人力资源管理

人力资源引入人工智能，带来了颠覆性的影响。因此，推进数字化人力资源管理进程将成为人力资源部门的重要工作，数字化产品的广泛应用则是人力资源

发展的大趋势。

自人工智能被写入政府工作报告以来，人工智能已经成为新一轮科技革命。未来，低端重复性岗位将被替代，经济结构的转型会带来人才的结构性短缺，知识型高技能人才和服务型人才缺口即将增大。企业不仅需要技术性人才，还需要会运用相关技术且在领导能力、沟通能力、管理能力方面突出的人才，人力资源管理者应该做更多判断性的工作。

社会的用工需求趋于多样化，进而导致人才的流动性加大，结构性失业会更加明显，招聘市场将充分与技术相结合，才能解决雇佣意愿下降的问题。人力资源管理也必将与技术融合，逐渐从那些技术含量低的、费时费力的事务性工作中解放出来，这一切有赖于人力资源管理数字化系统的有效搭建。人工智能的发展不会因人们的恐惧而停止发展，人力资源管理从业者应当拥抱科技，不断发展、改良"人工智能+HR"模式，使用集成云平台代替原有的系统，打造具有时代特色的人力资源管理，创造出新时代下人力资源科技的发展路程。

2.提升人力资源管理核心技术能力

中国经济处于转型发展中，人力资源管理行业也在经历前所未有的变革和发展。这就要求人力资源管理者不但要提高自身的专业性，而且还要打造专业核心技术能力，开发适合自身发展的长期的人力资源技术性策略。只有具备高水平专业素质的HR才能应对人工智能的冲击，才能在人力资源管理体系设计中，打造人力资源队伍的核心竞争力和不可替代性，以应对日益激烈的行业竞争。

（二）推动就业的转型

1.提高劳动力技能，注重专业人才培养

人工智能确会代替低端劳动力，但企业对高技能人才的需求会增强。未来，为企业员工带来失业威胁的不仅仅是机器人，最重要的是由于企业员工缺乏核心竞争优势，而面临被淘汰的危险。所以劳动力素质的升级是解决就业压力的重点突破方向。剩余劳动力需要提高自身的知识技能，提高竞争能力和适应能力，顺应时代的发展。

（1）加强有针对性的职业教育，注重人工智能等新兴技术和相关知识的培训，为企业定向输送人工智能方面的专用型人才，在解决就业压力的同时满足企业对专业人才的需求。

（2）对低端劳动人口进行继续教育，提高其学历与队伍的整体素质，同时能对专业技术性人员的知识技能进行更新与补充，做好人力资源开发，激发人的潜在能力。

　　（3）高校要注重应用型人才的培养，结合产业发展方向来设立新兴专业。

2.促进产业转型升级，创造就业机会

　　当下我国正在以创新驱动发展，通过供给侧结构性改革来进行产业和消费的升级。一方面，要加快人工智能融入现有产业，促进产业的转型升级，以创造更多优质岗位，解决就业压力。另一方面，要顺应大众创业、万众创新的新时代号召，充分利用人工智能去创造、开发前所未有的行业，在实现自主就业的同时去带动新就业，增加就业机会。

　　加强素质教育，采用更个性化的方式培养人才，要注重学生的全面发展，同时培养其创新思维和能力。政府应降低创业的门槛，与企业合作，以众筹的方式为创业者提供资金的支持，从根本上解决创新力不足的问题，从而缓解因人工智能的应用而带来的就业压力。

3.发展第三产业，增加就业机会

　　当人工智能代替人类去做那些费时费力的重复性工作和高危工作时，人们自然就会多出闲暇的时间，在娱乐、休闲等方面的需求会增多；同时，个性化的需求会越来越多，人们对于服务的内容和方式要求也会越来越多。因此，可以大力发展科技、文化、旅游、娱乐、餐饮、康养等第三产业，积极发展绿色经济、数字经济、创意经济，增加就业机会，解决因人工智能的运用带来的人力资源相对过剩的问题。

（三）关注人工智能应用的伦理价值

　　人们创造人工智能体的宗旨定位在增强人类智能和为人类服务之上；在创造人工智能体的过程中，必须将人类的价值判断、道德要求和直觉植入各种人工智能体，从而保障应用过程中忠实于创造人工智能体的初心和使命。

　　人工智能体的性质也在不断变化，甚至存在由"非人"到"人"的转化。随着大数据发展，人类单个个体学习速度远不及人工智能体，这样普通医生就沦为机器人附属品，将使医院人力资源管理在实践中产生新的伦理问题。由于我国市场体量巨大，人工智能体的应用情景将比较广阔，这必将推动人工智能体应用的极大发展。人机共生的状态可能挑战人在文明秩序中的地位和角色，改变人类对生命、生活和生存意义的看法，甚至带来一系列的伦理危机。因此，需要人力资源管理者在人工智能应用场景中探讨人力资源管理实践面临的重要伦理问题。

人工智能伦理是目前必须由人通过算法或算法决策嵌入人工智能体。既然人类能够嵌入符合道德的算法，同样就能够嵌入不道德的算法。如何在创造人工智能体时重视遵循相关伦理准则，是人力资源管理实践中必须直面的重要问题。加强创造人工智能体的工作人员的伦理管理，是实现人工智能伦理管理的根本途径，但是目前相关研究非常薄弱，甚至可说还是空白。可以说，在创造人工智能体的过程中，加强相关人员的伦理管理，是创造人工智能体过程中人力资源管理必须关注的重要问题。如果到人工智能体可以创造新的人工智能体的时代，那创造人工智能体过程的伦理问题还将重新书写。因此，要求人们创造人工智能体必须坚持透明性、可理解性和可追责等伦理准则尤其重要。

技术变革推动社会不断发展，人工智能的广泛应用预示着人工智能时代的到来。人工智能对人们的工作内容和工作方式都产生了深远影响，人工智能与人力资源管理也将逐渐实现深度融合。从目前的情况来看，人工智能的广泛应用，对人力资源管理实践不仅具有积极影响，还具有消极影响。从积极方面来讲，人工智能可以提升人力资源管理的质量，降低人力资源管理成本和推动人力资源管理变革；从消极方面来讲，人工智能可能导致人力资源结构性过程，致使人工智能专业人才短缺，甚至颠覆传统的人力资源管理。

在人工智能时代，组织需要明确人工智能的来临对于人力资源管理既是一次前所未有的冲击，也是巨大的助力。传统的人力资源管理模式将被颠覆，人力资源管理正处在转型时期，人们需要的是将人力资源管理与科技相结合。其次，要提高人力资源管理人员的专业性，在人工智能的冲击下和巨大的行业竞争中能够提高自身的核心竞争力和不可替代性。另外，要结合实际，重新定位人力资源管理，向人力资源服务业转变，加强用户体验感，做最优质的人力资源服务，促进我国人力资源行业的蓬勃发展。最后，还要注重人工智能在正确的伦理价值的指引下持续发展，保证人工智能坚持正确的发展方向。

第四节　人力资源管理中机器学习技术应用

一、机器学习的优势

作为人工智能的子集之一，机器学习是指基于数据而不是编程规则来创建程序，再从大量的数据中进行自主学习，并依据这些数据做出具有高内部有效性的未来预测，自主执行常规和非常规的任务。机器学习是已经成为开发用于计算机视觉、语音识别、自然语言处理、机器人控制等应用领域的首选方法。

在商业环境中，机器学习通过识别不同的需求和标准后建立对数据训练的理解，再在数据挖掘的标准过程的基础上，生成模型的评估和部署，表现为数据的准备和建模，通过将模型部署在在线监控平台等方式，利用输出结果进行预测（涉及推荐、警告、最优规划等方式），以期解决各种各样的问题。通常意义上，应用到具体的场景中，机器学习技术最常用的方式是"监督"功能，即通过创建机器学习算法，确定最合适的度量方式来评估其准确性，并使用样本来训练算法。相比于其他以现象或过往经验为主的决策方式，利用机器学习原理形成的以数据为驱动的决策方式被证明与组织层面的积极结果之间有着更为显著的相关关系。这是因为，伴随着外部环境的复杂性出现的海量信息，人们迫于组织竞争与发展的压力，需要在短时间内处理大量的信息，并进行正确且合理的决策，高时间压力易促使管理者在决策中出现决策偏见和决策失误；相比较而言，机器学习的优势在于，利用具有几乎无限处理能力的计算机，可以在短时间内快速处理日常工作中的常规任务，同时，基于不同的算法，它还能帮助管理者完成非常规的认知任务。

机器学习之所以被应用在实践领域，为人们的决策提供一定的依据，背后的原理在于其基于大量高质量数据的算法计算结果的预测，即在开发样本上评估初步模型的准确性，直到它稳定在某个可接受的水平上，形成最终模型，而样本预测的准确性则是模型质量好坏的最终指标。预测是人们基于已经发生的自然和社会现象，利用已掌握的知识体系，对于现象未来的发展趋势进行推知或判断的行为活动。在诸多学科领域，学者们试图以定量研究的方式，借鉴不同的测量模型，探讨现象或事件发生的因果机制，在此基础上进行可预测性的分析。

谈及预测对于人力资源管理的影响，即从机器依赖数据的处理和分析发现规律，到根据规律、采用机器学习的方式预测和指导管理实践。不难发现，首先，大数据的出现和产生并不依赖于某一个具体的问题，其具有广泛性，相反，当企业对于招聘或是培训有强烈的需求时，人力资源管理者则可随时调取相关的数据进行分析，为人才的选拔与培养提供相关的依据和支持。其次，预测之于人力资源管理的另一特征为不确定性。随着数据量的不断增加，机器学习带来的结果往往是全新的，甚至是超过人力资源管理者的预期，这也是数据智能化最突出的表现。对于机器学习如何在人力资源管理领域预测应用，及其可能产生的积极和消极的结果，将在下文进一步探讨。

二、人力资源管理中机器学习模块应用策略

在管理实践中，已有不少企业正尝试借助机器学习的力量来提高人力资源管理的效率和有效性。人工智能技术的快速发展和应用，正重塑着管理者的经营、管理的理念和方式，包括当机器学习应用到人力资源管理领域，对传统的人力资源管理的六大模块产生了深刻的变革影响，但具体在哪些方面产生何种效用需要进一步厘清，以便后续的学术研究和实践应用的深入发展。

（一）在人力资源战略和规划方面

作为辅助决策系统，机器学习的应用有助于企业进行全面的战略规划，包括人力资源规划。利用数据挖掘和知识发现技术对于可能影响管理者决策的信息进行搜集，再通过对大数据的分析，帮助管理者第一时间了解和评估企业内部人力资源管理的发展状况，以及伴随外部环境而生的机遇和风险，甚至依靠智能决策系统，在统计和预测分析的基础上，生成人力资源管理规划的初步方案，接着由人力资源管理者对此方案进行修改和调整，形成最终落实的人力资源管理规划。

在此过程中，战略决策者对于数据、信息的筛选与把握的能力要求提高，公开透明的数据让战略决策者选择"性价比"最高的方案，而如何制订既符合企业发展要求、又能符合员工心理预期的战略规划，使其主动接受并按照企业的需求

行事的难度随之增加。

（二）在招聘方面

企业在意识到人工智能的重要性后，可以通过人工智能的大数据对招聘信息进行推送，利用机器学习的因果算法分析候选人的个体特征，对简历和候选人进行筛选，以及在结构化面试的环节，参考候选人过往的工作经验、学习经历等状态特征，结合相应应用程序进行综合考量，再由人力资源部组织人工面试，大大缩短一个完整招聘的时间，节省招聘的成本，同时又提高选择与企业战略发展、文化相兼容的人才的可能性。此外，人工智能还能通过跟踪入职某岗位员工的工作数据，构建人才画像，帮助企业在出现职位空缺时，迅速为企业匹配合适的候选人提供建议。

人工智能助力人力资源管理所呈现出的大体量的数据，再结合日益强大的算法，在一定程度上改善了雇佣和安置决策，有利于人力资源管理者避免或减少在招聘环节中可能出现的偏见、刻板印象等。

（三）在绩效管理方面

机器学习最大的优势在于形成每个员工不同维度的大数据，促使人力资源部门可以更有效地收集和统计员工评估结果。这也包括在招聘过程中，使用人工智能来进行绩效管理和社会筛选，具体而言，通过分析候选人的历史绩效和跟踪表现等多来源收集的个人信息来预测其可能产生的预期绩效。

全方位地收集数据，易为员工塑造"全面监控"的工作环境，为机器学习所提供数据的仪器将成为"上帝视角"，无时无刻不出现在员工的工作场景中，且可能及时地给予领导反馈。尽管机器学习的应用出发点在于更客观地制定绩效管理制度和开展绩效评估，但无形中为员工增加了巨大的压力，容易引起员工不安、恼怒等负面的工作情绪。

（四）在薪酬制度方面

企业利用数据挖掘、机器学习等数据科学的方法进行分析，发现不同薪酬满意度的个体在发表的推文的句子结构、使用的词汇和所担任的职位之间存在着显著的差异。同样需要关注的是由人工智能或机器学习所引发的"公平危机"。具体而言，当组织和领导掌握了大体量员工行为、态度等的数据的解释权和掌控权时，这在一定程度上弱化了处在被动选择和被监控位置的员工在组织中所拥有的权力。最直观的表现是，企业可借助机器来解释员工，再通过薪酬制度的修订对员工提出更高的绩效要求，而员工无力反抗这种被迫的强制感，他们唯一的选择是忍受和被动地改变自己。

总之，机器学习作为人力资源管理应用技术的一个组成部分，其在发挥作用的过程中，可以帮助人力资源管理者从简单、重复的常规任务中脱离出来，使得其将更多的时间和注意力集中于战略性人力资源管理、组织发展、战略性劳动力规划和人才管理等任务上，进而为组织创造更多的价值。机器学习的应用，有望帮助组织实现从最初的流程智能化到决策智能化的过渡。

就自动化技术的发展程度和影响结果而言，企业的人力资源管理实践迫切需要抓住发展时机，积极拥抱人工智能，通过以大数据为基础的数字化转型，提高其向管理层提供有价值信息的能力，为管理者做出明智的决策提供一定的依据，帮助企业有效应对外部环境带来的挑战，在全球经济中获得可持续的竞争力。

第四章 人力资源档案管理

人力资源管理离不开档案提供的信息，档案管理应根据人力资源工作的需求加强信息建设。本章对档案的演变与工作内容、档案与人力资源、人力资源档案管理工作优化、人力资源新趋势下人事档案管理优化路径、人力资源管理与档案管理信息系统构建进行论述。

第一节 档案的演变与工作内容

一、档案的演变

"档案起源是一个历史过程。在这个历史过程中，档案的根本作用是它产生与发展的根据。"[①]档案是人类社会随着生产的发展、记录符号的发明和使用逐步形成的。中华民族在创造文明进程中形成的年代久远、数量浩瀚、内容丰富、价值珍贵的档案资源实为世所罕见。档案载体从甲骨、金石、简牍、缣帛到纸墨文书，经历长期的发展演变。随着社会的不断进步，档案载体也在继续发展。

第一，甲骨档案。甲骨档案主要是指把人类的社会活动契刻在龟甲、兽骨上而形成的数量庞大、内容丰富的商周时期的档案。商代的甲骨档案距今已有3300多年，其总量在15万片以上。殷商时期，无论发生什么事都要刻在龟甲或兽骨

---

① 丁海斌.档案起源：过程说与根本作用说[J].山西档案，2020，（04）：16.

上，并且集中存放保存起来，这就是甲骨档案。甲骨档案主要集中于商代。甲骨档案记载商代的经济、社会生活等方面的情况，是中国最珍贵的古代文字档案，也是研究商代历史的珍贵史料。

第二，金石档案。金文是铸刻在金属鼎彝器上的一种铭文，也称钟鼎文，一般是指冶铸在青铜器上的文字。钟鼎彝器中作为记事和凭信的金文，在档案学上称为金文档案。周代金文档案内容相当广泛。

石刻档案是随着金属工具的使用及其他社会背景而产生的。秦汉以后，随着铁器时代以及秦汉统一帝国活动的发展，石刻档案进入盛行阶段。现在人所称的金石档案，还包括诸如铁券、金册等一些金属载体形式的档案，多是王朝对有功臣官和有关首领人物的册封。中国有关的档案馆和博物馆还保存有古代"铁券"和"金册"等实物。

第三，简牍档案。金石档案虽然坚固耐久，但载体笨重，制造费工，且不便传递，所以，商周至东晋时期，特别是从周代到汉代的1000余年间，多用竹片和木片撰写文书与保存档案。竹片称"简"、木片称"牍"，把若干竹片或木片编在一起叫"策"（册，古时策与册二字相通），通常称作"简策""简牍""简书"。

第四，缣帛档案。缣帛作为文书和档案的载体材料，比起竹木简牍显然更为进化。现存的缣帛档案有从长沙楚墓中出土的帛书，属于战国时代的古文书。汉墓中发现有较多的帛书，其中有中国迄今所见的最早的舆图档案，也是世界上迄今已发现的最早的地图。

第五，纸质档案。缣帛档案固然有其当时历史条件下的优点，但缣帛价值昂贵，无法推广使用。随着社会经济、文明的不断发展，勤劳智慧的中华民族早在汉代已发明造纸术，使文字、档案和其他文献载体、记录方式逐渐地发生空前的大变革，对人类文明做出巨大贡献。到唐、宋，用纸更为普遍，加之印刷术的出现，纸张被广泛应用于写文书。中国现存最古老的纸质档案，是西晋文学家陆机（公元261—303年）所写的"平复帖"，而且也是世界上现存历史最久的纸质档案。

第六，音像档案。音像档案是随着现代科学技术的进步产生的，也被称为声像档案或视听档案，可分为视觉、听觉、视听综合等不同形式，包括照片、唱片、影片、录音带、录像带等。与纸质档案相比，音像档案具有更强的直观性。

81

第七，电子档案。电子文件是以代码形式记录于磁带、磁盘、光盘等载体，依赖计算机系统存取并可在通信网络上传输的文件。电子文件的特征主要包括：信息存储的高密度性；信息的非人工识读性；系统的依赖性；信息与特定载体之间的可分离性；多种信息媒体的集成性；信息的可操作性。这些特征决定对电子文件必须采用与以往不同的管理方法。随着计算机网络系统的发展，电子文件在人类社会的应用领域、应用范围日益广泛，数量日益增加，给档案管理工作、档案学研究提出新的全方位的挑战。

二、档案工作的性质及内容

（一）档案工作的性质

第一，管理性。档案工作的管理对象是档案及档案事业。档案工作必须用一整套科学的理论原则和技术方法管理档案，对繁杂的档案进行研究、考证和系统管理。档案工作是各项工作的重要组成部分，任何一项管理工作都离不开档案工作。

第二，服务性。档案工作是一项提供档案信息，为社会各方面工作服务的工作。服务是档案工作赖以存在和发展的基础。档案工作者应当树立服务意识，掌握服务技能，完善服务条件，提高服务质量，积极为社会建设做出贡献。

（二）档案工作的内容

1.收集工作

（1）档案收集工作的意义。

档案收集工作是整个档案工作中极为重要的一个环节，是档案馆的一项重要的基础性工作。做好档案收集工作，对于加强国家档案资源建设、丰富馆藏、优化结构、建立健全"三大体系"、发挥"五位一体"的功能、提高档案馆服务水平，有着重要意义。

第一，档案收集工作是档案工作的前提条件。没有档案收集工作，就不可能有完整的档案，也就不可能有健全的档案工作。收集是档案室（馆）取得档案的一种手段。档案收集工作是档案工作的起点，为档案工作提供物质条件[①]。

第二，收集工作是维护国家历史真实面貌的必要手段。档案室（馆）的收藏是一定地区、部门在经济、科学和文化教育等方面情况的综合反映。收集工作使得档案齐全完整，内容丰富，应该补充进馆的档案及时接收进馆，并把散存在机关、组织、个人手中以及散失在各地的档案材料收集补充到档案室（馆）。档案是维护历史真实面貌的重要凭证，是贯彻执行党的路线、方针、政策的重要工具，因而收集工作的作用是十分明显的。

第三，收集工作为开展档案室（馆）各项工作、加强档案室（馆）建设奠定物质基础。档案馆要开展利用工作，没有一定数量的档案是无法进行的，而室（馆）藏不丰富、门类不全，就很难满足社会上各条战线、各种工作、各种人员对档案利用提出的各种要求。编研工作更需要有丰富的档案作为后盾。档案室（馆）其他日常工作，也必须在室（馆）藏丰富的基础上才能做得更好。档案的整理，只有从众多的档案材料中才能清楚、准确地把握档案内在的有机历史联系，才能在丰富材料基础上综观全局、全面考察、权衡利弊，提高工作效率，加快整理工作进度，为档案提供利用等工作创造条件。

总之，只有做好收集工作，才能使室（馆）藏丰富，材料齐全，为档案室（馆）各项业务建设、为提高档案工作科学水平提供必要的物质条件。

第四，收集工作促进档案学理论发展，推动档案工作现代化的实现。档案室（馆）作为党和国家保存档案的重要基地，也是发展档案学理论的重要源泉。假若档案室（馆）藏不丰富，档案室（馆）各项工作开展不充分，就不可能为档案学理论的突破和发展提供充足的实践依据。室（馆）藏越丰富，各项工作实践也就越丰富多彩，必然提出许多新问题、新要求，提供很多新情况，为档案学理论的发展打下坚实的基础，推动档案学理论的发展。

丰富的室（馆）藏也是实现档案工作现代化的推动力量。要实现档案工作现代化，最基本的是要有丰富的室（馆）藏和对现代化的迫切需要。室（馆）藏丰富，利用者便如鱼得水，这无疑会对实现档案工作现代化产生重要的推动作用。

（2）档案收集工作的要求。

第一，丰富和优化室（馆）藏。丰富和优化室（馆）藏要求在收集档案时做

[①] 杨学锋.现代化档案管理与服务研究[M].北京：中国商务出版社，2018.

到：数量充分、质量优化、门类齐全、结构合理。

所谓数量充分，就是要求各级各类档案保管机构尽量补充档案数量。就现状来看，中国的档案虽然在总数量上名列世界第一，但在人均占有量上并不高。这与中国的悠久历史和社会的需求不相适应，因此，应想方设法丰富档案室（馆）藏[①]。

所谓质量优化，就是指所收藏的档案要达到一定的质量标准，具体包括两个方面：一是档案本身的内在质量（完整性、准确性、规范性）和外在质量（档案载体及书写、印制材料应符合长期安全保管的要求）；二是档案整理的质量。只讲数量、不讲质量的收集是没有价值的。必须保证所收集的档案在将来有人使用，必须在增加数量的同时，按国家的相关标准进行收集；否则，就会出现档案数量多，但可供人利用的却少的反常情形。

所谓门类齐全，就是指档案保管机构应收集各种门类的档案。在收集中不仅要收集文书档案，也要收集科技、专门档案；不仅要收集纸张载体的档案，还要收集声像、照片、电子等各种载体形态的档案。否则，档案保管机构所保管的档案就会因门类或载体的单一而缺乏吸引力。

所谓结构合理，就是指档案保管机构所收藏的档案在来源、内容等方面，应该是合理布局的。档案馆、室藏档案既要有一般性的材料，也要有各具特色的材料；既要有领导机关的材料，也要有基层单位的材料；既要有宏观材料，又要有微观材料。在收集时，既要收集档案，又要收集如报刊、地方志、传记、年鉴、回忆录、文件汇编、成果汇编及其他资料。

第二，加强档案室（馆）外的调查和指导。档案室必须注意调查研究，掌握本单位文件的形成规律和特点，制定归档制度，明确接收档案的范围、时间、数量与质量要求。档案馆应从本馆的性质与职责出发，对有关国家机构、社会组织和个人的职能、地位、任务及形成档案的种类、内容、保存价值、数量、整理和保管等情况，进行调查研究，确定应移交档案的范围、时间、数量、质量要求和手续。

在接收前，档案室应加强对有关部门的档案工作的指导，以保证所收集的档案的质量与价值。

---

① 徐光远.档案收集工作的要求[J].经营管理者，2012（16）：285.

第三，积极推行入室（馆）档案的标准化。积极推行入室（馆）档案的标准化要求在收集档案时控制好档案的质量。凡反映本机关主要职能活动，具有保存价值的各种门类、各种载体的档案，均应收集齐全完整；进馆档案必须以全宗为单位进行整理；进馆档案必须经过鉴定，保管期限必须准确无误；档案整理（分类、组卷、排列、编号、编目、装订等）规范；所采用的档案包装材料必须符合国家的相关要求，所编制的检索工具应符合档案工作要求，在利用档案时能做到有目可查；归档材料中有电子文件的，应当与相对应的纸质文件一并存档；属于非光盘形式的电子文件，应当转换成光盘储存形式的电子文件。档案工作的标准化，应该在收集时就着手推行。

第四，保持全宗不可分散性。全宗就是一个立档单位形成的全部档案。一个单位的各项活动是密切联系的，因此在活动中形成的各种文件材料也必然存在固有的联系。为确保文件的完整，在收集档案时必须坚持全宗不可分散的原则，一个单位形成的档案应集中到一个档案室，不能人为地分散处理。

2.整理工作

（1）档案整理工作的意义。

第一，建立文件有机联系，为档案创造有利条件。档案整理可以通过有效保持文件之间的有机联系，为实现档案价值创造有利条件。保存档案的主要目的，是及时地、系统地提供档案为社会各项事业服务。为达到这样一个目的，所提供利用的档案必须经过科学的整理。没有经过整理和系统化的档案，就不能充分体现档案的历史记录的特点，不能完整地反映出各项活动的历史联系和本来面貌，就会影响以致失去档案的利用价值，不便于进一步查考研究问题。档案整理工作的基本目的，是把档案组成一个体系，通过编目使其固定下来，为利用档案提供方便条件。

第二，档案整理是重要的基础工作。档案整理不仅为档案的利用创造方便条件，而且也为整个档案管理工作奠定良好基础。在档案管理的诸多环节中，收集工作是起点，提供利用是档案工作的目的，而档案的整理则是承上启下的关键业务。收集或征集来的档案，经过档案整理这个环节，可以进一步了解和检查档案收集工作的质量，对档案收集工作有一定的促进作用。档案整理过程往往是与档案价值的鉴定工作结合进行，而鉴定档案的价值和划分档案的保管期限，必须对档案进行全面的考察和仔细认真的分析。只有经过系统整理的档案，才能提供这种可能性。经过整理以后的案卷，是档案保管、统计、检查的具体工作对象和基本单位，也使编制档案检索工具与编写参考资料有主要依据。

第三，档案整理是实现档案管理现代化的要求。采用现代化手段管理档案，要求对档案实体加以整理，使之达到一定的系统化程度。例如，计算机库房管理系统、编目系统都需要以档案实体的一定体系为基础，档案数字化、信息化、缩微化更要求档案原件系统有序，具有有机联系的档案相对集中。档案管理的现代化，也需要以档案的系统整理为基础。

（2）档案整理工作的要求。档案整理工作的要求是，保持文件之间的历史联系；充分尊重和利用原有的整理成果；便于保管和利用。

第一，保持文件之间的历史联系。文件之间的历史联系是指文件在产生和处理过程中所形成的内部相互关系。保持文件之间的历史联系，是档案整理工作的根本性原则，可使档案能够客观地反映其形成者的历史面貌。文件之间的历史联系主要表现为以下四个方面。

文件在来源上的联系。文件的来源一般指形成档案的社会组织或个人。同属于一个形成者或同类型形成者的文件在来源上有着密切的联系。不同来源的文件反映不同形成者历史活动的面貌，在整理档案时必须保持文件在来源上的联系，而且，不同来源的档案不能在一起。

文件在时间上的联系。文件的时间一般是指其形成的时间。不同时间的活动，所形成的文件先后有序；同一阶段的活动，所形成的文件具有自然的时间联系。在整理档案时，保持文件之间在时间上的联系，有利于体现其形成者活动的阶段性、连续性和完整性。

文件在内容上的联系。文件的内容一般指文件涉及的具体事务或问题；解决同一个事务、同一项活动、同一个问题所形成的文件之间必然具有不可分割的联系。在整理档案时，保持文件之间在内容上的联系，有利于完整地反映其形成者各种活动的来龙去脉和基本情况，也便于查找利用。

文件在形式上的联系。文件的形式一般是指其载体、文种、表达方式以及特定的标记等存在与表达形态方式的因素。不同形式的文件往往具有不同的作用、特点和管理要求，可承接不同的任务，反映一些特定的工作关系。在整理档案时，保持文件在形式上的联系，有利于揭示文件的特殊价值，便于档案的保管和利用。

第二，充分尊重和利用原有基础。充分尊重和利用原有基础指档案管理者要善于分析、了解和继承前人对档案的整理所形成的自然基础，不可轻易地予以否定或抛弃。需做到：①当原有基础基本可用时，应维持档案原有的秩序状态；②如果某些局部整理结果明显不合理，可以在原来的整理框架内进行局部调整；③如果原有的整理基础无法实行有效管理，可进行重新整理。

第三，便于保管和利用。便于保管和利用是档案整理工作的出发点和目的，也是检验整理工作质量的标准。在整理档案时，应保持文件之间的历史联系与便于保管和利用之间是一致的。而在某些特殊的情况下，二者之间会发生一定矛盾，此时就需要综合考虑各种因素，在保持文件之间历史联系的前提下，采取分别整理的方法，以利于档案的保管和利用。

3.鉴定工作

（1）档案整理工作的意义。

第一，去粗取精，便于档案查找利用。档案是社会实践活动的产物，随着时间的推移，档案与日俱增，数量不断增多，致使档案日益庞杂，这就影响查找利用的效率。而档案保管限于库房等物质条件，又要求保管的档案数量越精越好。档案是保存下来的宝贵财富。档案与档案的价值是不同的，有的大，有的小，有的可能短时期内有用，有的可能长久有用，而人利用的都应是有价值的档案。如果不经过鉴定，不剔除无价值的档案材料，那么大量的有价值的档案材料就会埋没其中，严重影响档案的查找利用。开展档案鉴定工作，目的是解决档案日益庞杂与保管精练之间的矛盾，便于档案查找利用。

第二，档案鉴定是保留精品、提高管理效益的科学措施。档案的鉴定工作就是通过对档案的不断筛选，去芜存菁，使保存的档案得以精炼，便于保管和利用。保存精选的档案，有助于集中人力、物力改善保管条件；遇到突然事件，如水灾、火灾、地震、战争等，便于迅速抢救和转移重要档案。

第三，有序分类，节约保管成本，提高工作效率。保存档案也要讲究效益问题，档案保管是需要大量人力物力的，档案数量越多，需要的保管成本就越高。因此为降低保管成本，就必须对不断产生的新档案材料以及保管期满的档案进行价值鉴定，将无保存价值的和已经失去保存价值的档案清理出去，精简库存档案，玉石区分，节约保管成本，提高工作效率。

第四，主次分明，便于安全管理，应付突发事件。档案鉴定就是将无价值的档案材料剔除出去，一方面节约保管成本，腾出库房和装具去妥善保管有价值的档案材料；另一方面又明确档案的价值，主次分明，日常管理时就很容易确定保管的重点，便于安全管理，应付突发事件。比如遇到水灾、火灾、地震等天灾人祸时，就能很快确定抢救重点，及时抢救和转移价值大的档案资料，减少损失。

（2）档案价值鉴定工作的要求。

第一，从整体利益出发去判定档案的保存价值。档案价值鉴定工作是一项直接关系到一个国家和民族的社会历史记忆能否得到有效维护、传承和保护的重要工作，应从国家和社会的整体利益出发，科学地组织和开展。那种只考虑本单位利益，而忽视国家和社会整体利益的档案价值鉴定思想是十分有害的。因为，每个立档单位之所以会保存档案，其直接的动力来源是为本单位业务工作的可持续进行，留存足够的业务活动证据和法律所要求的证据，同时也为保证本单位业务活动的真实性，留存那些具有参考价值的文件和记录。

但是，随着时间的流逝和立档单位的业务发展，原来留存的档案就会逐渐失去其业务证据价值和业务参考价值，这时立档单位继续保存这部分档案的"原动力"就不存在。如果一个组织只顾及自身的利益，而缺乏国家、民族的整体利益意识，那么必然的结果就是整个国家和社会的历史记忆不断流失。为此，在开展档案价值鉴定工作时，尤其是在对"保存期满"的档案进行"定期鉴定"时，各立档单位和国家档案管理部门只有遵循从国家和社会的整体利益出发去判定档案的保存价值的原则性要求，才能保证国家记忆、民族记忆、社会历史记忆的相对完整性，才能保证民族文化的长久传承和发展。

第二，用全面的观点指导档案价值鉴定工作。所谓用全面的观点指导档案价值鉴定工作，从立档单位角度看，就是在判定档案保存价值时，应全面分析影响档案保存价值的相关因素，综合判定档案的保存价值。从社会角度看，就是在判定档案保存价值时，应避免只从一个机关、一个部门（机构）或个人的需要出发去开展价值鉴定工作，而应从社会的需要出发去开展工作。从档案管理的整体效益角度看，坚持全面的观点开展档案价值鉴定工作，也是实现整个国家档案资源体系建设整体优化目标的需要。如何有效地消除全宗之间的"档案重复留存"问题，关键的解决办法之一就是在档案价值鉴定工作中切实采用"全面的观点"，通过有效的整体控制手段和措施来实现。

用全面的观点指导档案价值鉴定工作，有助于档案价值鉴定人员从整体上把握和认识有关全宗、类别（系列）、案卷的保存价值，避免孤立地判定每一份文件的保存价值。

第三，用历史的观点指导档案价值鉴定工作。档案是历史记录，具有鲜明的历史时代性特征。那种只从"现实需要"出发判定档案保存价值的思想和行为，会给人类社会档案记忆的完整性和连续性造成极大的损害。在鉴定档案价值时，坚持历史的观点，就是要根据档案产生的历史条件及其在历史上的作用，科学地评价其对维护人类社会历史记忆的有用性，确定其保存价值。在档案价值鉴定工作实践中，坚持历史的观点，就必须坚决反对片面的实用主义观点。

第四，用发展的观点指导档案价值鉴定工作。在档案价值鉴定工作中，按照发展的观点开展档案价值鉴定工作，就是要充分考虑到档案保存的未来意义。档案的保存不仅是现实社会存续和发展的需要，也是子孙万代的生存与发展需要。档案价值鉴定工作人员应具有一定的预测未来社会发展需要的能力。随着数字时代的到来，一些在纸质档案占统治地位的时代被鉴定为"保存价值不大"的文件和记录，其数字形态的记录却因为蕴藏着丰富的、可供分析和加工的"数据"和"信息"，而成为一种非常具有留存价值的资源。所以，那种简单地认为"纸质文件和记录"与"电子文件和记录"的保存价值相同的观点和做法，是非常武断和有害的。正确的做法是：纸质档案按传统的价值鉴定标准去判定其保存价值；数字档案（电子档案）的价值鉴定标准则应重新确定。

第五，用科学的效益观点指导档案价值鉴定工作。对于纸质档案等传统载体形态档案的价值鉴定，必须考虑立档单位和国家档案管理部门的保存能力。那种认为只要文件和记录具有些许利用价值就应作为档案加以保存的思想观念，不仅脱离实际，而且一旦实施就会劳民伤财。为此，开展档案价值鉴定工作时，鉴定人员应对列入保存范围的文件和记录的利用价值和利用效益进行预测和评价。只有当档案发挥作用所带来的经济效益和社会效益大于所付出的管理成本时，才能认为档案是具有保存价值的。单纯的"效益"观点（只评价档案保存的经济效益，却忽略档案保存的社会效益的观点），在档案价值鉴定中也要坚决避免。

4.保管工作

（1）档案保管工作的意义。

档案保管工作质量的高低，对档案管理水平具有重大的影响，甚至在一定的条件下具有决定性的影响。档案保管得好，就为整个档案工作的进行提供物质对象，提供一个最起码、最基本的前提。反之，如果档案保管工作做得不好，或者不能有效地延长档案的寿命，甚至损毁殆尽，那就会使整个档案工作丧失最起码、最基本的物质条件。工作对象一旦丧失，整个档案工作也就随之失去其存在和进行的基础。若档案保管得杂乱无章，失密泄密，也会影响整个档案工作的秩序。

（2）档案保管工作的要求。

第一，注重日常管理工作。为保持档案库房管理的稳定、有序，应注重建立健全管理规则和制度，加强日常管理。在库房管理中要做到：归档和接收的案卷及时入库；调阅完毕的案卷及时复位，定期进行案卷的清点和检查，发现问题及时处理。只要持之以恒地坚持严格的日常管理，就能保证库房内档案的良好状态。

第二，预防为主，防治结合。在档案保管工作中，保护档案实体安全的方法概括起来主要有两类：一是如何预防档案实体损坏的方法；二是当环境不适宜档案保管要求时或当档案实体受到损坏后如何处置的方法。在归档或接收的档案中，实体处于"健康"状态的档案占绝大多数。因此，在档案保管工作中，积极"预防"档案受到各种不良因素的破坏是主动治本的方法。应该采取各种措施，确保这些档案的长期安全。同时，还应该通过加强日常管理和检查，及时发现档案实体出现的"病变"情况，以便于迅速地采取各种治理措施，阻断或消除破坏档案的有害因素，修复被损害的档案，使其"恢复健康"。预防为主，防治结合，才能全面保证档案实体的安全。

第三，重点与一般兼顾。由于档案的价值不同，保管期限长短不一，所以，在管理过程中，应该掌握突出重点、兼顾一般的原则。对于单位的核心档案、重要立档单位的档案、需要长久保存的档案，应该加以重点保护，尽量延长档案的寿命。同时，对于一般性、短期保存的档案也要提供符合要求的保管条件，确保其在保管期限内的安全和便于利用。

第四，管理与技术相结合。档案保管工作要有效开展，管理和技术二者缺一不可，二者从不同层面上维护着档案的安全和完整。管理和技术在应对威胁档案安全的不同风险因素中，各自发挥着不可替代的作用。比如，由于人为因素对档案造成破坏的，需要靠管理制度来约束，单纯的技术是难以发挥作用的；而对于不可控的自然因素对档案带来的破坏，必须利用先进的技术来应对。因此，片面强调管理，或者片面强调技术都是不科学的。同时，无论是管理还是技术，都不是一成不变的。管理的理念、方式需要不断科学化、合理化，技术手段需要不断现代化，以确保管理和技术成为档案保管工作科学发展的双翼。

第五，不同的档案，区分保管。在档案保管中，不能采取统一的模式来管理全部档案。为实现对档案的合理保管，对于不同价值的档案，应区别对待。在保管工作中，所谓不同的档案，主要是从档案的保存价值、保管期限以及载体等方面加以区分的。对不同保管期限的档案，其保管条件也略有差异。区分保管不同价值、不同保管期限的档案，有助于实现档案保管工作稳定开展。尤其是随着社会科学技术的飞速发展，不同载体的档案大量产生，不同载体记录信息的结构、原理不同，其保管要求也各不相同。因此，不同载体的档案，也应区分保管。

5.检索工作

检索工作具有以下作用。

第一，桥梁作用。档案的数量随着时间的推移而日益庞大，内容也日益繁杂，涉及社会实践活动的各个方面，对于利用者来说犹如档案之海，如果不借助科学的方法和手段，便无法从中获取所需的档案。档案检索工具在档案和利用者的特定需要之间架设一道"桥梁"，沟通两者的借需关系，利用者借助检索工具便可以较为迅速准确地获取所需档案。

第二，交流作用。档案检索工具中存储大量的档案信息，不仅可以提供查询，还可以成为档案馆（室）与利用者、档案馆（室）之间的交流工具。利用者借助档案检索工具可以了解档案的分布、内容、价值等信息，档案馆（室）借助档案检索工具可以互相了解馆藏情况、互通有无，提高服务质量。

第三，管理作用。档案检索工具记录档案的主要内容和形式特征，集中、浓缩地揭示馆藏情况，档案工作人员可以通过检索工具概要了解馆藏档案的内容、形式、数量等情况，为档案管理业务活动提供一定的依据。尤其是馆藏性检索工具反映档案实体顺序，在库房管理、档案数量统计等管理活动中直接发挥作用。各种检索工具还是档案工作人员查找档案、提供咨询、开展档案编研工作的必要手段。

6.编研工作

（1）档案编研工作的意义

第一，档案编研工作是提供利用服务的一种方式。档案工作人员把具有研究价值和实用价值的档案信息编辑、加工后，推荐、分发给有关利用者使用或公开出版，使馆外利用、异地利用成为可能，这有利于更加广泛地发挥档案在各项事业中的作用，对于实现档案信息资源共享也是十分有益的。

第二，开展档案编研工作可提高档案馆（室）工作水平。档案馆（室）做好档案的收集、整理、编目等基础工作是开展编研工作的前提；而在档案编研过程中大量调阅档案，又可对档案馆（室）的基础工作起到全面检验的作用。档案编研工作要求档案工作人员具有较高的知识水平，可以促进档案干部队伍素质的提高。档案编研工作向社会各界和本机关提供系统的档案信息服务，有助于扩大档案工作影响，赢得社会各方面对档案工作的重视和支持。

第三，开展档案编研工作是一种保护和传播的措施。档案编研成果不仅有积累史料、传播文化的作用，而且可以代替档案原件提供利用，从而保护档案原件使之延长自然寿命。将档案文献汇编出版，分存于各处，即使原件遭到损毁，档案的内容也可长久流传。

（2）档案编研工作的要求。

第一，史料真实。编研过程中选用的档案史料必须正确、客观地反映历史事实，这是检验编研成果质量和能否经得起历史考验的关键所在。档案编研工作必须对档案材料进行认真的核实考证，去伪存真。

第二，内容充实。档案编研成果能否受到社会的欢迎和重视，主要取决于是否有丰富充实的内容，能否完整地反映有关事物的发生、发展、变化和终结的全部过程。因此就需要将与题目有关的档案材料收集齐全，尽量选用并组成能反映题目内涵的完整材料。

第三，体例系统。体例上的系统，是指将档案材料按其内在联系，组成一个有机整体。在内容上条理分明，上下联系，合乎逻辑；在编排体例上科学地划分章节或分类，结构严谨，形成体系。

7.利用工作

（1）档案利用工作的意义。

档案利用工作的意义，主要表现在：①档案利用工作是发挥档案作用、实现档案价值的主渠道，是档案工作为社会主义现代化建设服务的直接手段。②档案利用工作是档案工作联系社会的一个窗口。③推动档案基础业务建设，提高档案工作水平。④促进档案工作人员业务进修学习，提高档案干部队伍素质和工作能力[1]。

（2）档案利用工作的要求。

档案利用工作的要求是档案馆（室）应当为档案的利用创造条件，简化手续，提供方便，主动开展档案的利用活动，及时掌握档案的利用效果，加大宣传力度。其具体要求有：①档案工作者要不断提高自身的素质，主动、及时开展档案利用工作。②不断完善档案服务方式和手段。③掌握本单位、本地区近期的重点工作、重大活动，据此开展档案利用工作。④加强档案的宣传力度，增强全社会的档案意识，促进利用。

8.统计工作

（1）档案统计工作的意义。

第一，档案统计工作是认识档案工作的一种重要手段。档案工作中诸多现象的发展过程、现状和一般的规律性，通过档案统计，让人一目了然。而且正是这种长期、系统的积累资料的工作，为档案管理研究和综合统计，为人加深对档案工作的认识提供一种手段。

第二，档案统计工作是科学管理档案的基础。从档案统计工作来看，国家档案事业的方针政策、计划、法规制度的制定都离不开档案统计工作，统计工作提供的大量的信息可以对档案事业进行指导、监督，协助理顺档案事业各个方面的关系。如果没有档案统计工作提供的大量数据和信息，档案管理只能是盲目的管理；没有档案统计工作的指导，档案服务利用只能是被动的服务。

科学管理档案不仅要定性分析，也要定量分析，两者结合才能实现科学管理，提高档案管理水平，以更好地指导档案实践工作。做好档案统计工作，可以为定量分析提供必要的数据。

第三，档案统计工作是提高档案学研究水平的重要保证。档案统计是档案学发展的一个表现。以前档案学研究比较偏重于研究社会科学的方法，随着科学技术的发展，档案学也逐渐运用自然科学、技术科学和管理学的方法来研究，由定性研究逐渐转变为比较关注定量分析研究。因此只有加强档案统计，认真进行分析，才能促进档案学的发展。

第四，档案统计是使档案工作处于良性运行的重要保证。从系统论的角度来

---

[1] 杨春媛.论档案保管与档案利用[J].兰台世界，2012：66-67.

看，档案工作是由档案实体管理、档案信息开发和档案反馈信息处理三个子系统组成的。档案统计工作就相当于档案反馈信息处理系统统计得来的具体数据，直接反映档案工作各方面的实际情况和水平，这是非常重要的。提供正确的决策依据和监督指导档案工作的统计资料，可保证档案工作处于良性运行状态。

要了解档案用户的需求、档案业务工作的现状、水平、成绩和不足，都离不开反馈信息的处理。而这主要是通过统计工作来实现的。比如要了解档案用户的需求，就要通过调查研究得到大量的数据资料，然后对这些数据资料进行整理、分析就可以总结出档案用户的需求情况、需求趋势等。

（2）档案统计工作的要求。档案统计工作是档案部门的一项严肃科学的任务，为做好档案统计工作，发挥档案统计工作的作用，在进行统计时必须做到准确、及时和科学。

第一，目的性。档案统计工作是为一定的目的进行的，不是为统计而统计。如果没有明确的目的，统计工作就会失去意义，也不容易坚持下去。因此，确定档案的统计项目，要依据本单位的实际情况，兼顾需要和可能，如单位大小、档案多少、管理状况和利用状况质量高低等有目的地、实事求是地建立本单位的档案统计工作。

第二，准确性。档案统计工作的要求是保证统计数据准确无误。统计工作所获得的各种数据及其整理、分析得出的数据和结果都必须是真实可靠的，具有客观真实性。档案统计工作是从档案现象的质和量的辩证统一中研究的数量方面，是用数字语言来表述事实的，因此，必须十分准确。数字的真实性、准确性是科技档案统计工作的生命。

要做到统计数字真实、准确，就必须有认真负责的工作态度和一丝不苟、实事求是的工作作风，严格统计纪律，建立和规定科学的统计指标和统计计量方法。这样统计出来的数字才有价值，也才能够保证统计工作目的的实现。

第三，及时性。统计工作的目的是解决档案工作中的实际问题，及时了解有关情况。如果统计工作拖沓，必然会贻误良机，从而影响档案工作。为此应该建立档案统计制度，使档案统计纳入档案部门的日常工作轨道，各级各类档案馆、档案室的统计工作要制度化，相互配合，及时地按规定上报档案工作领域的相关信息，为指导和监督档案工作提供科学依据。

第四，连续性。为达到统计工作的目的，保证统计数字的准确性和统计工作的质量，档案统计工作必须连续进行，对有关内容的统计一定要有始有终，不能间断。只有保持连续性，档案统计工作才能对档案现象的发展变化历史系统、全面地加以反映和概括分析，也才能保证统计工作的质量，达到统计工作的目的。

第五，可量化性。统计是以数字来量化反映统计对象现状的。档案统计工作中，实施统计的重要领域及其重要因素，必须是可进行量的描述与量化研究的。否则，档案统计工作会成为一般的档案登记工作。

第六，法治性。现代是法治社会，任何工作都要依法办事，档案工作也不例外。档案统计也要纳入法治建设的轨道，因为目前实际工作中仍然存在统计违法行为，如为夸大成绩或缩小失误而虚假、瞒报、伪造和篡改统计数据资料的现象屡屡发生。因此，档案统计也要加强执法力度，才能使档案统计工作顺利开展，真正发挥档案统计工作的作用。

统计工作的目的不是取得统计数字，而是要对统计数字进行分析、研究，从中寻找事物发展变化的规律。对档案统计所取得的原始数字进行周密分析和研究，根据档案现象在一定时间、地点和条件下的具体数量关系，揭示档案及其管理工作中的内在联系和矛盾，从中总结经验，发现问题，分析矛盾，探索规律，从而改进档案工作，提高管理水平。

第二节　档案与人力资源

"人事档案管理的优劣，极大地影响着人力资源管理的有效性，从而，人事档案工作成为企业人力资源管理的重要支柱。"[1]人事档案是个人身份、学历、资历等方面的证据，与个人工资待遇、社会劳动保障、组织关系紧密挂钩，具有法律效用，是记载人生轨迹的重要依据。

---

[1] 鲁瑶.企业人力资源管理对人事档案管理工作的新要求[J].档案学通讯，2006（04）：13.

一、人事档案及其工作

人事档案是在人事管理活动中形成的，经组织审查或认可的，记述和反映个人经历、思想品德、学识能力和工作业绩的，以个人为单位集中保存起来以备查考的文字、表格及其他各种形式的历史记录材料。目前，个人需要的司法公证、职称申报、开具证明、函调政审、办理退休手续等都要用到人事档案。

（一）人事档案的属性

人事档案的属性是构成人事档案的基本要素，也是识别和判定人事档案材料的理论依据。这些属性相互联系、互相制约，主要表现在以下五个方面。

1.各级组织在考察和使用人的过程中形成的

人事档案是各级组织在考察和使用人的过程中形成的、经组织审查或认可的、对个人经历和德才表现情况的真实记录。例如，各级组织会定期或不定期地布置填写履历表、登记表、鉴定表、学习工作总结、思想汇报以及年度考核表等；组织为审查某人的政治历史问题，就需要通过有关人员、有关单位和知情人了解情况，索要证明材料，然后根据这些材料和有关政策对其做出适当的审查结论和处理决定；在使用人的过程中，如调动、任免、晋升、出国等都要经过一定的审批手续，就产生了任免呈报表、审批表等材料。所有上述材料均属于人事档案材料。

人事档案在产生来源方面具有两个重要特征。第一，它是组织在考察和使用人的过程中产生的，而不是在其他过程中产生的。例如，专业技术人员在工作中撰写的学术报告、论文著作等不是组织在知人任人的过程中形成的材料，不属于人事档案材料；但通过学术报告、论文著作的目录能达到了解和使用人的目的，因而可以将其目录材料归入人事档案。第二，它是经过组织形成的或者是由组织认可的材料，而不是由个人编撰的材料。例如，个人不经过组织，私自找熟人写材料证明自己参加工作的时间，这是不算入人事档案的。

2.以个人为立卷单位

以个人为立卷单位是人事档案的外部特征，是由人事档案的作用决定的。人事档案是一个组织了解人、任用人的重要依据，是个人经历和德能勤绩等情况的全面真实记录。只有将反映一个人经历和德才表现的全部材料集中起来，整理成册，才便于历史地、全面地了解这个人，进而正确地使用这个人。

如果将一个人不同时期或不同方面的材料分散于不同单位或若干种类的档案里，有关这个人的材料被割裂肢解，一旦组织上要系统地了解这个人的情况，就如大海捞针，因工作量大、效率低，甚至可能漏掉重要材料而影响正常工作。如果未将某一个新近填写的履历表归入其人事档案中，而是以科室为单位装订成册，这种合订本就不能称为人事档案，因为它不具备以个人为立卷单位的属性，影响对一个人系统全面的了解。

3.按照一定的原则和方法进行整理

按照一定的原则和方法对个人材料进行整理是个人材料转化为人事档案的先决条件。个人材料犹如一堆原材料，人事档案则是按照一定的程序和规格加工出来的产品，这种经过整理的人事档案不再是繁杂无序的材料，而是具有一定规律的有机体。当然，这种整理必须依照一定的原则和办法进行。人事档案相关政策、法律法规和管理制度的出台和执行，可以使人事档案更科学、规范、实用，更好地为人事工作服务。

4.手续完备且具有使用价值和保存价值

手续完备是指人事档案材料要按照一定的移交手续进行交接和处理。在日常的人事档案材料收集鉴别工作中，经常会遇到材料手续不全的棘手问题，如呈报表有呈报意见而无批准机关意见；履历表没有组织审核签署意见或没有盖章；政历审查结论和处分决定没有审批意见；入党志愿书没有介绍人意见。这些材料虽然也有人事档案的某些属性，但从本质上看，它们不具有或不完全具有人事档案的可靠性，不能作为考察和使用人的依据，因而不是人事档案材料，或者说还没有完全转化为人事档案材料，有的只能作为备查的资料，有的可以作为反映工作承办过程的材料存入机关文书档案。如果有的材料确实已经审批，但由于经办人员不熟悉业务或责任心不强而没有签署意见或盖章的，可以补办手续，这种补办手续的过程就是完成向人事档案转化的过程。

手续完备的个人材料是否能转化为人事档案，还要看这些材料是否具有使用价值和保存价值。精练实用是鉴别人事档案材料的一个基本要求。如果玉石不分，将没有价值的材料也归入人事档案，则可能加大保管压力，影响利用效率，实属一种浪费。无关的调查证明材料、同一个问题一个人写了多次证明的部分材料、本人多次写的内容相同的检查、交代材料等都属于没有价值的材料，必须在鉴别整理过程中剔除。

5.由各单位组织和人事部门集中统一保管

人事档案是组织上在考察和使用人的过程中形成的，记载着有关知情人为组织提供的情况。人事档案材料的内容一般只能由组织上掌握和使用，有些内容如果扩散出去可能产生负面影响，不利于安定团结和组织工作。同时，人事档案作为人事工作的工具，必须由人事部门（泛指组织部门、劳动人事或人力资源等一切管理人员的部门）按照人员管理范围分级集中统一保管。这是人事档案管理工作的基本原则，也是人事档案区别于其他档案的显著标志之一。任何个人不得保管人事档案，业务部门和行政部门也不宜保管人事档案。

（二）人事档案的特点

第一，现实性。人事档案是为现实的人事管理工作服务的。人事档案记述和反映的是相对人现实的生活、学习及工作活动情况。组织人事部门为考察了解和正确使用员工，需经常查阅人事档案。随着个人的成长，需连续不断地补充新材料，以便较好地反映其现实面貌。反映现实并为现实工作服务是人事档案的一个重要特点。

第二，真实性。人事档案的真实性是指人事档案材料从来源、内容和形式等方面都必须是完全真实的，人事档案记述的内容必须符合客观情况，不得有虚假、夸张、想象的成分，要真实地反映相对人各方面的历史与现实的全貌，做到"档如其人""档即其人"。人事档案作为组织了解和使用人的重要依据，真实性是人事档案的生命，也是其发挥作用的基础和前提。

第三，动态性。随着相对人人生道路的延伸，一些反映新信息的文件材料不断形成，包括年龄的增长、学历与学识的提高、职务与职称的晋升、工作岗位与单位的变更、奖励与处分的状况等。人事档案的动态性表现为两个方面：第一，人事档案随着个人社会实践活动的发展变化，其数量不断增加，内容日益丰富。例如，在工作中，各单位对员工进行的培训、考核、任免、奖惩等活动都必然形成相应的人事档案材料；第二，人事档案会随着人员的流动或人员管理单位的变动发生转移，以实现人事档案管理与员工的人事管理相统一，便于发挥人事档案的作用。因此，人事档案应当做到"与时俱进""档随人走""人档统一"。

第四，机密性。人事档案的内容记载了人员不同时期的各方面情况，包括自然状况、个人素质、工作情况、兴趣爱好、成绩、错误等。有些人员，如担任不同级别的党和国家的领导职务，或者身负外交、国防、安全、公安、司法等特殊任务，其人事档案往往涉及党和国家的机密，可能涉及单位的内部情况或个人隐私，因此，人事档案在相当长的时间内、在一定的范围内具有机密性。为了维护国家的安全、单位的利益以及个人的权益，人事档案管理要严格遵守国家的有关规定，防止失密和泄密。

第五，专门性。人事档案属于一种专门档案（专业档案）。专门档案（专业档案）是指某些专门领域产生的有固定名称形式以及特殊载体的档案的总称。人事档案是组织和人事工作部门领域形成的档案，其内容具有专门性，自成体系，反映人事管理方面的情况。人事档案具有专门的形式和特定名称种类，如人事方面的各种登记表或考核材料等。

（三）人事档案的内容

1.人事档案收集工作的基本原理

（1）过程与结果控制原理。人事档案的管理主体有责任明确人事档案管理的业务工作流程，合理选择控制节点，清楚描述每个节点应形成的人事档案材料的种类和内容要求。人事档案的管理主体应重视结果控制，做好日常接收材料的审核工作，保证材料的"合规性"、真实性和可靠性。

（2）精细化管理原理。注意细节，保证材料的真实性、完整性。确保人事档案作为人力资源管理工具的有效性，防止用人失察、失当、失误等问题的发生。细节决定成败，没有严格的精细化管理，就会造成人事档案管理的失败。

（3）动态化管理原理。人才流动服务机构应加强与人员及其现所在工作单位的联系，做好档案材料的收集工作，不断充实人事档案的内容。随着人员的成长而生长，人事档案是一种动态性和延展性很强的专门档案。管理人事档案的机构必须按照人事档案的形成规律和特点，不断补充相关人员的记录材料。

2.人事档案的归档工作

（1）人事档案材料的归档范围。人事档案材料的归档范围包括调配、任免、考察考核材料，录用材料，办理出国、出境材料，各种代表会材料，工资待遇材料，学历和评定岗位技能材料，职称材料，加入党团组织材料，政审、考核材料，奖励与处分材料，履历、自传、鉴定材料，科研材料，残疾材料，其他材料。

（2）人事档案材料的归档要求：①必须是办理完毕的正式文件材料。②材料必须完整、齐全、真实、文字清楚、对象明确、写明承办单位及时间。③手续完备。凡规定应由组织审查盖章的，须有组织盖章；凡须经本人见面或签字的，必须经过见面或签字。

3.人事档案的保管工作

根据统一领导，分级管理，管人与档案相一致的原则，合理划分人事档案的保管范围，是统一领导、分级管理的原则落在实处的举措，有利于人事档案的科学保管、转递和使用工作的顺利进行。

中国人事档案的管理体制，是与干部的任免权限相一致的，干部由哪一级任免，工人由哪一级招收，档案就由哪一级管理。任免权限改变，人事档案的保管也随之改变，做到人档统一。如果两者脱节，组织上一旦要了解该人的情况，会因找不到相应的档案而影响对其了解和使用；该归档和补充的档案材料，不能及时归档和补充。若保管范围混乱，人事档案部门积压的人事档案就不能发挥作用。

4.人事档案的借阅工作

根据有关规定，员工的主管单位，组织、人事、劳动、纪检、监察、保卫、检察等部门，凡因人员任免、调动、升学、提拔、出国、入团、福利待遇、离休、退休、复员、转业、纪律检查、组织处理、复查、甄别等，要了解该人的情况，可以查阅、借用人事档案。其他单位不得直接查阅和借用人事档案，如确因工作需要，须办理手续。

借阅人事档案的原则：宽严适度，内外有别，灵活掌握，便于使用。就使用者而言，由于人事档案是人事工作的重要依据和工具，组织、人事、劳动部门使用档案应从宽，其他部门使用档案应相对严一些。就使用范围而言，高级干部、中级干部、有贡献的专家、学者和有影响的知名人士，以及机要人员的人事档案，供给使用时从严掌握，严格审批手续，对一般干部、工人、学生的人事档案，使用范围可从宽一些。

5.人事档案的转递工作

人事档案工作为人事工作服务，只有对人员的管理和人事档案管理相一致，才有利于发挥人事档案的作用。做好转递工作是保持管人与保管档案相一致的有效措施；是保证人事档案工作及时为人事工作服务的必要条件；是维护人事档案的完整与安全的一项重要业务建设，也是人事档案部门接收人事档案和充实档案内容的重要途径之一。

（1）转递工作的基本要求。

第一，准确。转递人事档案必须以任免文件或调动通知为依据，在确知有关人员新的主管单位后，直接将人事档案转至该人新的主管单位。不要把人事档案转到非人事主管单位的上级机关或下级机关，更不能盲目外转。

第二，及时。为避免管人与管档案脱节，发生有人无档或有档无人的现象，必须及时转递人事档案。人事管理部门在员工提升、调动、转业、复员、离休、退休的决定或通知下达后，应及时抄送或通知人事档案部门，以便续填职务变更登记表和转递人事档案。

第三，安全。转递人事档案工作，应确保人事档案材料的绝对安全，杜绝失密、泄密和丢失现象。转递人事档案只能用机密件通过机要交通转递，也可由转出或接收单位派专人送取，不准本人自带，不得以平信、挂号、包裹等形式公开邮寄。凡转递人事档案，均应密封并加盖密封章，详细填写统一的"人事档案转递通知单"，确保其绝对安全。

（2）人事档案转递的原因和方式。转递人事档案的原因：员工职务变动（提拔、免职、降职）改变主管单位；员工跨单位、跨系统调动；员工所在单位撤销或合并入新单位；干部任免权变化与人事管理范围的调整，人事档案的管理范围也进行相应的调整，员工所在单位的隶属关系发生变动；干部进入院校学习毕业后统一分配，中专、高等院校毕业生分配工作；军队干部转业到地方安置或复员；员工离休、退休后异地安置；员工辞职、退职、开除公职、刑满释放、解除劳教后重新就业；员工死亡后，按规定应向相应档案馆（室）移交的无头档案查到下落；形成人事档案材料的单位需要向主管单位人事档案部门移交，等等。遇有上述情况，应按规定转递其人事档案。

转递人事档案的方式主要有零星转递和成批移交。零星转递是指日常工作中经常的、数量不大的人事档案材料及时转递给有关单位，这是转出常用的主要方式，一般通过机要交通来完成。成批移交主要是指管档单位之间数量较多的人事档案的交接，经交接双方商定，由接收单位或移交单位派专车、专人到移交（或接收）单位取送，若移交与接收单位相距太远，则通过机要交通转递。

（3）"无用档案"形成的原因与处理方法。"无用档案"是由于不知员工去向而积存在人事档案部门的人事档案材料。"无用档案"长期积压在人事档案部门，既转不出去，又不能销毁，不仅不能发挥作用，而且还需要花费人力、物力去管理，无疑是一种浪费。员工的主管单位由于有人无档案，增加对员工考察了解的难度，影响对员工的培养、选拔和使用。因此，人事档案管理部门既要重视对已有"无用档案"的处理，又要防止产生新的"无头档案"。

第一，"无用档案"形成的原因。之所以有"无用档案"主要是由于档案人员不稳定，制度不健全，档案工作与人员调动、任免工作脱节，转递不及时、不准确、不彻底等因素造成的。员工已经改变主管单位，没有及时转递人事档案做到档随人走，使人与档案脱节，时间久，情况一变再变，人员去向不明，而形成"无用档案"。转递时，对接收单位名称不清楚或书写不准确，接收单位收到后又未仔细查对，误收误存，造成人与档案脱节，找不到档案当事人下落。人事档案材料的收集、归档不及时，或对收集来的零散材料没有及时整理，而转递人事档案时，只转走整理好的，余下的零散材料，时间一长就转不出去，形成"无头档案"。

第二，对"无用档案"的处理。对"无用档案"处理的主要方法是：先对"无用档案"清理鉴别，分清有无价值。无价值的档案，造册登记，报领导审核批准后予以销毁。有价值的档案，详细登记，积极查询该人的主管单位。必要时人事部门印发被查询员工基本情况名册，发至各地人事部门广为查找，经过多方查询实在无下落者，可将有价值的材料，转至当事人原籍的县一级组织、人事部门代为查找，或移交县档案馆保存。

（四）人事档案的作用

人事档案是人事管理实践活动的产物，服务于组织、人事（或人力资源管理）工作，服务相对人。它是人力资源管理工作的信息库和选用人才的渠道之一，是维护个人权益和福利的法律信证，直接关系到个人和单位的切身利益。

第一，考察和了解员工的重要手段。组织和人事工作的根本任务是知人善任、选贤举能。而要知人，就要全方位地了解人。了解的方法除直接考察该人员的现状外，还必须通过查阅人事档案来全面地、历史地了解其个人经历、社会关系、工作经历、成绩、特长、奖惩情况等。可以说，人事档案为开发人力资源、量才录用、选贤任能提供了重要的信息与数据。

第二，解决相对人个人问题的凭证。由于种种原因，在现实生活中，有关部门和人员有时会对员工形成错误的认识和做法，甚至造成冤假错案或历史遗留问题。作为相对人历史与现实的原始记录，人事档案为考查、了解和处理这些问题提供可靠的线索或凭证。

第三，维护个人权益和福利的法律信证。当今社会活动中，许多手续的办理都需要提供人事档案。组织在录用人才时需要人事档案做依据。这些单位在办理录用或拟调入人员手续时，必须有本人档案和调动审批表经主管部门审批，由组织和人事部门开具录用和调动通知才能办理正式手续。

社会流动人员工作变化时需要人事档案做依据。流动人员跳槽到非公有部门后，又要回到公有部门时，若没有原来的人事档案，工龄计算、福利待遇等都会受到影响。

社会保险工作中需要人事档案做依据。随着社会保险制度的建立和完善，在养老保险、医疗保险、生育保险、工伤保险、失业保险及退休后保险金的发放问题上，个人档案所记录的工龄、工资、待遇、职务、受保时间等都成为主要依据。如发生弃档或断档，相对人的社会保障福利将可能受到损失。

报考研究生、公务员和出国都需要人事档案。相对人在办理研究生、公务员的报考和录取以及出国人员的身份认定、政审等事宜时，必须出具记录个人经历、学历和成绩的人事档案材料或相关有效的证明。

职称评定、合同鉴证、身份认定、参加工作时间、离退休等都需要人事档案做信证。否则，将给相对人带来诸多不便，甚至使个人切身利益受到损害。

第四，人力资源开发、使用和预测的重要依据。人事档案能较为全面地准确反映一个人各方面的情况，因此，可以从人事档案中获得全国或某个地区、某个系统、某个单位的人力资源数量、文化程度、专业素质等方面的数据，利用相关数据进行科学的统计分析，探索出人力资源队伍的总体变化和规律，为人力资源的开发使用、合理预测和制订规划提供准确丰富的信息和依据。

第五，编写人物传记和专业史的宝贵材料。人事档案是组织和人事部门在考察和使用人的过程中形成的，其中还有相对人自述或填写的有关材料，内容真实，情节具体，时间准确。在研究党和国家人事工作、党史、军事史、地方史、思想史、专业史以及撰写名人传记等方面具有很高的史料价值，是印证历史的可靠材料。

（五）人事档案工作

1.人事档案工作的要求

人事档案的管理在总体上要贯彻档案工作的基本原则，并有如下具体要求。

（1）根据人事管理的权限，集中统一管理人事档案。我国的人事档案实行集中统一、分级管理制，即一个单位的人事档案管理部门必须将属于本单位管理的人员的人事档案全部集中起来，按照有关规定统一管理。单位人事部门和其他部门形成的人事档案，都要交由本单位人事档案管理部门集中进行鉴别、立卷等工作。根据这一原则，不允许将在一级人事管理权限内的人事档案分若干处保存，也不允许非组织和人事部门或非档案管理部门管理人事档案，任何个人都不得私自保存人事档案。

（2）维护人事档案的真实、完整与安全。人事档案管理部门在收集、鉴别人事档案时，应认真执行有关规定，严格把关，保证归档材料的真实、完整；在管理中必须执行党和国家的保密制度；同时加强技术保护，防止人为和自然因素对人事档案的损坏，确保人事档案的安全和完整。

（3）便于人事工作和其他有关工作的利用。人事档案管理工作的目的是为单位人力资源开发和管理服务，以充分地调动干部、职工的积极性，这可以看作是人事档案工作的基本指导思想。为此，人事档案管理工作应以本单位的发展目标和工作需要为中心，积极配合做好各项工作。

2.人事档案工作人员应具备的素质

人事档案工作是一项政治性、专业性很强的工作，尤其是在人员流动频繁的情况下，人事档案查阅利用需求更多、更广，人事档案的服务性更加突出。这就要求人事档案工作人员不仅要具备较好的政治素质，还应具有过硬的业务水平，努力提高服务质量。

（1）政治素质。热爱档案事业，勤奋工作，熟悉国家政策、法律法规和规章制度，坚持原则，保守机密。

（2）专业素质。人事档案工作人员应经过严格的专业培训，并不断提高业务能力。不仅要熟悉本单位的人员结构、素质特长、历史背景及现实表现，还要懂档案专业知识，熟悉人事档案工作的政策、法律法规和规章制度，掌握人事档案工作的一般规律。只有具备扎实的专业知识和过硬的业务技能，方能灵活运用，妥善解决人事档案工作中的实际问题。

（3）相关素质。广泛了解人事档案工作的相关知识，努力提高人事、历史和现代化管理等知识水平和开拓创新能力。例如，学会运用计算机输入、存储、加工、传递档案信息，应用多媒体技术、网络技术等一系列现代化管理手段，才能及时有效地在更大范围内为开发人才提供科学、全面、及时的服务，使人事档案管理部门真正成为"开发人才的参谋部"。

3.人事档案工作人员的岗位职责

（1）严格遵守相关法律规定和保密制度，做好人事档案的安全、保密、保护工作。

（2）收集、鉴别和整理人事档案材料。

（3）保管人事档案，为人事工作提供优质服务。

（4）按相关规定为有关部门提供员工的档案信息，办理查阅、借阅等利用业务。

（5）做好人事档案的接收和转递工作，确保人档统一。

（6）能对人事档案状况和工作状况进行登记和统计，通过调查研究，制定相应的规章制度，推进人事档案工作的现代化、规范化和信息化。

二、人事档案管理与人力资源开发的关系

人事档案作为企事业单位人力资源工作的重要组成部分，两者相辅相成，不可分离。人事档案对人力资源开发的促进作用主要表现在以下方面。

第一，有利于人力资源管理部门及时发现人才、挖掘人才。人是管理中最积极最活跃的因素，一切工作和任何事业都必须由人去做。人事工作就是做人的工作，发现人才、培养人才、使用人才，充分调动人才的积极性，使其各有所长，各有所用。然而，对一名优秀人才的需求，不能限于其现实表现情况，还要通过出示个人的人事档案，考察其品行、工作经历、业务政绩等，以此为凭，增加聘用单位对聘用者的信任程度和认可程度。实践证明，人事档案是正确挑选、培养和使用人才的重要依据。

第二，有助于全面把握干部的素质，合理配置人力资源。人力资源已经成为企事业单位未来生存和发展的战略选择和重中之重。为了保证有足够的人才，必须建立以人为本的管理机制，不断引进人才，合理使用。人才的引进离不开人事档案。人力资源管理部门可以通过人事档案进一步了解人才的相关信息，根据不同人才的能力和各类人才的不同特点，进行合理配置与科学整合，把最合适的人安排到最合适的工作岗位上，使部门之间、组织之间人才合理有序地流动，更好地化解企事业面临的各种危机和风险，促进组织全面和可持续发展。

第三，有利于人力资源需求预测的科学化与规范化。人事档案是"人的管理"的基本信息的主要依据，它既存储了组织人力资源信息，又是对管理核心"人"的历史和现状的一个真实反映。影响人力资源需求的因素主要来自组织内部，有效管理人事档案对分析组织内人力资源状况是否适应组织的变革与发展要求、制订人力资源计划发挥着重要作用。

第三节 人力资源档案管理工作优化

人力资源档案管理工作的优化是满足当前社会发展需求、数字化信息时代的必然发展趋势。以往的人力资源档案管理模式在形式与工作人员素质要求上，与数字化信息时代具有较大差异。随着数字化、网络化渗透，各行各业在档案管理工作的运行模式上需要进行相应的转变。档案管理工作的优化是紧跟时代发展、数字化发展环境的重要途径。因此，在后续的人力资源档案管理工作中，应在社会发展需求、档案管理模式与优化路径等方面进行深入探究，以此使人力资源档案管理工作可以实现更好的发展。

一、满足社会发展需求

在信息化社会的发展背景下，档案管理工作在信息介质、储存单位与管理形式上发生了较大转变。以往的档案管理模式还存在执行效率低、精确度低与录入管理烦琐等情况，对于日渐追求高效的社会发展环境，该种档案管理模式并不能很好适应。在信息化技术、云储存技术与人工智能技术新兴的时代背景下，档案管理工作可通过技术渠道进行创新与优化，通过信息技术的数据筛选、资源调用与数据库技术等，实现档案管理工作的信息化转变。现代化档案管理模式整体上呈现出高效化、精确化与人性化特点，对于时下的社会发展环境能够提供便捷的服务。人力资源档案管理工作的优化创新需要被引起相应的重视。

二、强化人力资源档案管理

档案管理工作的优化涉及技术层面与管理模式层面上的内容，通过多渠道、多层面的档案管理工作优化，可以使原本运行低效的档案管理模式得到改进。以往的档案管理模式对于执行效率与档案信息录入、调用等环节的质量还缺乏明确标准，造成人力资源档案管理工作整体上缺乏精细化管理。以往的人力资源档案管理工作容易出现档案丢失、人力资源应用效率低下等情况，档案管理工作的优化可以间接使原本的档案管理模式迎来较好的转变，对强化档案管理工作具有重要作用。因此，在当前档案管理工作的优化思路与对策上，现阶段还应重视技术层面与管理制度层面的双重优化，以此保障人力资源档案管理工作可以在现有的社会发展环境中得到较好的发展。

三、深化人力资源档案管理的重要路径

整体的社会发展环境趋向于多元化，不仅体现在人力资源的布局与类型上，还体现在技术的发展上。档案管理工作属于一种信息管理服务工作，其工作的精确度与运行效率影响到多个方面。现代化的档案资源管理模式的转变，可以起到优化人力资源的作用。主要原因在于随着现代化档案管理模式的落实与全面应用，以往档案管理的运行模式逐渐被取代，新时期的人力资源需要在原有的基础上进行技术能力与理论水平的提高，以此适应当前的档案管理工作岗位变化与社会发展需求变化等。在一系列复杂因素影响下，人力资源档案管理工作的优化对其自身发展具有重要意义。

第四节　人力资源新趋势下人事档案管理优化路径

为紧跟数字化行业发展的步伐，人力资源档案管理工作也应在原有的基础上进行相应的转变。档案管理工作的优化思路与路径可以从管理制度、基础设施与人员教育等方面进行实施。档案管理工作涉及多个环节，对于数字化技术手段的应用也具有不同要求，档案管理人员在当前的工作岗位与工作实施过程中，往往需要具备相应的技术水平与数字化服务意识，以此使当前的档案管理工作可以更好地实行。目前，新时期的社会发展环境中，人力资源档案管理工作的优化思路可以从以下方面进行。

一、重视人事档案管理

每个事业单位都应重视人事档案管理工作，管理人员应从观念上转变以往的管理理念，带领其他管理人员在观念上重视人事档案管理工作。人事档案管理工作与常规理念的认知不同，该方面工作并非一项简单的工作项目，对于工作人员的耐心与责任心都具有较高要求，若在档案管理工作中缺乏相应的责任心或者耐心，容易出现消极怠工与档案管理信息出错等情况。对此，事业单位的管理人员应在理念上重视工作管理的优化，通过定期培训的方式，使档案管理工作人员能够适应新时期的工作变化，借助培训的方式，使目前的档案管理工作能够在新时期的社会发展环境中满足时代发展的需求。复合型人才对于档案管理工作的发展具有重要作用，管理人员在现阶段的人事档案管理工作中需要重视该方面人才的培养策略。在拟订培训计划的基础上，还应设置相应的考核机制，通过奖惩机制的构建，使档案管理工作人员能够从考核标准与指导中，认识到档案管理工作优化的必要性与重要性。同时，通过奖励机制的制定，确保档案管理人员能够在平时的工作中保持较高的积极性，以此确保档案管理工作的总体工作效率。

二、健全人事档案数字化管理制度

事业单位的档案管理工作在形式与涉及的内容上看,其具有复杂性的特点。在事业单位不断发展的背景下,单位内部的管理制度与管理工作实施,也需要进行多元化转变,以此适应当前档案管理工作的发展需求。在档案管理的制度构建上,应针对录入、分类管理与查询等环节拟定相应的管理内容,通过不同环节的管理工作细化,保障档案管理工作可以有序管理和运行。

三、加强数字化建设

数字化建设的主要目的在于提供多样化的档案管理模式,借助数字化管理手段,使档案管理工作可以在原有的管理模式中得到精细化转变。数字化技术涉及的种类较多,档案管理工作大都涉及精细化数据库管理技术、信息分类技术与智能化信息读取技术等。电子化档案信息的优势在于避免了繁杂的纸质审批、筛选环节,通过数据分析、归类与查询等环节的技术优化,使档案管理工作的整体运行效率和精度可以得到较好提升。在以往的档案管理工作中,还存在档案信息录入烦琐、查询调取效率不高等情况。数字化设施的引入与信息化档案管理模式,可以在较大程度上借助信息技术手段,使原本的档案管理工作实现归类化管理,并能够在较大程度上使档案查询环节与储存环节的执行效率提升。

总之,在新时期人力资源档案管理工作中,技术途径、制度管理途径与培训途径等方面,都需要引起单位管理人的重视。新时代的环境背景对于事业单位的档案管理要求体现在多个方面,总体上呈现出高效化的趋势。因此,在当前的人力资源档案管理工作中,需要构建数字化管理体系,通过技术手段创新与工作人员培训的方式,使档案管理环节能够进一步提升运行效率与精度。

第五节　人力资源管理与档案管理信息系统构建

信息化时代推动人力资源管理的信息化发展，促进人事档案管理信息系统的建立，不仅能够帮助企业更加高效地实现人力资源数据的有效沟通，还能够为企业未来的人事调配提供更加科学的参考依据，让企业的工作效率和工作质量都获得显著提升，为企业谋求更多的经济效益。

一、现代人力资源和档案管理与传统人事和档案管理的区别

在人力资源的管理中，人事档案管理是极为重要的组成部分，覆盖职工个人档案收集、处理、存放、分析和评定的每一个环节。在进行人事档案管理的过程中，传统的人力资源管理及档案管理是完全依靠人工实现的，由工作人员将职工的各项数据形成档案文件并存放在档案中，并通过统一编号将档案袋放在特定存储位置，以便随时调阅和使用。长期以来这种档案管理方式都是人力资源管理的重要手段。但随着企业规模的不断扩大，人力资源管理的范围和内容也越来越广，如果依然采用人工处理档案的方式，会降低企业人力资源管理的效率，容易在档案管理的过程中出现人工难以解决的问题，并且随着大量资源的不断积压，有可能导致档案中的记录内容与实际情况不相符，无法及时对档案进行更新，从而带来许多问题。在这样的背景下，档案管理信息系统构建就显得势在必行。档案管理信息系统不仅能够高效解决档案管理中存在的问题，还能够实现实时的数据分析和数据更新，能够随时随地供人快速调阅人力资源和人事档案的相关信息，有利于进一步减轻人事部门工作人员的工作压力，降低人工操作带来的高额成本，还能够提高人事档案管理的精确度，避免企业出现损失。

二、信息化发展战略的需要

随着经济发展速度越来越快，企业也需要进一步提高自身的运营效率和运营质量。在信息化日益普及的背景下，企业纷纷建立起了信息化发展战略，推动各

项工作的信息化发展，以此来实现更加智能化的办公模式，应对信息量爆炸的工作内容。在信息化发展战略的指导下，企业能够通过智能化的手段进一步提高各项数据的处理效率和处理质量，同时也能够搭建起更加高效的信息传输渠道，实现有效的信息共享。通过人力资源信息化和档案管理信息系统的建立，企业领导可以随时随地地掌握企业中的人力资源配置，考察各个部门中不同工作人员的工作情况和绩效考核；各部门的管理人员也可以更加高效地管理本部门的职工，考察工作人员的出勤、工作质量、绩效评定等；企业的职工也可以通过档案管理信息系统查看自己的档案信息、薪酬福利，还可以根据档案管理信息系统平台了解企业的人事政策、人事调动和晋升渠道等。由此可见，推动人力资源管理与档案管理信息系统的有效建立，能够满足未来企业信息化发展战略的需要，是企业发展的必然趋势。

三、人力资源管理与档案管理信息系统构建及应用的优势

（一）实现数据共享

通过人力资源管理与档案管理信息系统的构建，能够进一步将各种管理数据上传到云端网络，通过权限设置来进一步提高数据信息的共享程度，扩大数据信息的共享范围，以便企业的上下级之间能够进行更加高效的人事调配。企业领导可以通过数据共享了解内部员工的具体工作情况、绩效考核和专业技能等内容，以便为员工提供更加科学的岗位分配、薪酬福利、晋升通道，以此来进一步激励员工提高工作的积极性；部门管理人员可以通过数据共享合理分配部门员工的各项工作，以此来提高企业运营的效率和质量；普通员工也可以通过人力资源管理与档案管理信息系统查阅自己的工作绩效、考核情况等各项数据，以便更好地调整自己的工作状态，促进工作效率的提升，同时寻求晋升渠道，真正实现自己的人生价值。由此可见，通过人力资源管理与档案管理信息系统，企业内部可以形成上下贯通的人事档案数据共享格局，对于优化企业内部的人力资源配置有积极的意义，能促进企业的长远发展。

（二）实现分类、分限高效管理

在人力资源管理与档案管理信息系统的帮助下，企业的人力资源与档案信息

能够运用更加高效的分类、分限管理模式。针对不同部门和不同岗位的员工，可以通过统一的信息管理系统实现对其的分类处理，对于员工的人事档案也能够根据不同的类别进行有效的归档和存储，便于在日后的档案调阅和人事调动时直接快速地找到相关信息，极大地节省了档案管理人员的时间，使其能够将注意力集中在更加重要的工作上。同时，基于信息系统的分类处理模式，不同员工可以有更加明确的工作职责和工作范围，也能够帮助企业更加明确不同部门不同岗位的工作需求，实现更加精细化的企业管理，促进企业发展模式的转型升级，为企业的信息化发展奠定良好的基础。

（三）实现数据联动、动态化管理

通过风险人力资源管理与档案管理信息系统，企业的人力资源管理和人事档案管理能够实现信息化发展，将各类人力资源管理的信息和人事档案数据上传到云端平台，能够让企业总公司与不同区域分公司进行人力资源管理与人事档案信息的数据联动，帮助总公司及时了解下辖各个公司的人事安排情况，并根据企业的发展需求进行有效的人事调配，为企业更加高效的人力资源配置奠定良好的基础。除此之外，通过高效的信息系统，企业还能够实现人事档案数据的动态化管理，根据企业内部员工的实际情况及时更新相关数据，为企业的人力资源管理提供更加真实可靠的数据，有利于企业做出更加科学的人事决策，为企业的健康发展奠定良好的基础。

（四）实现智能办公

随着信息化的不断发展，许多企业纷纷建立起了信息化发展战略，并积极推动智能办公的发展。通过人力资源管理与档案管理信息系统构建，企业的各项人事数据和档案数据共同汇聚在信息系统中，人力资源管理部门的工作人员只需要通过计算机和相关软件的操作，就可以完成数据的采集、分析、处理和储存，能够进一步提高人事档案信息管理的效率，也能够真正推动智能办公在企业中的发展。企业的顾客部门也可以直接通过信息系统实现档案的调阅，进一步提高企业人力资源管理部门与其他部门之间的沟通效率，使人力资源管理部门为企业各个部门提供更加优质的人事服务，为企业的长远发展奠定良好的基础。

四、人力资源管理与档案管理信息系统构建及应用策略

（一）完善信息系统建设，加强基础设施管理

为了建立良好的人力资源管理与档案管理信息系统，企业必须进一步完善信息系统建设，为人力资源管理部门购入信息系统构建所需的各种硬件设备与软件系统，帮助人力资源管理部门建立起一套完善的信息系统管理模式。同时，企业还要进一步提高基础设施管理质量，定期对硬件设备进行检查和保养，定期对软件系统进行维护，以此来保证基础设施的运行水平，确保人力资源管理部门在使用人力资源管理与档案管理信息系统时不会出现硬件或软件损坏的情况，避免影响人力资源管理部门的工作效率，也降低各项数据信息丢失或损坏的风险。

（二）统一信息管理标准，优化档案管理质量

企业需要明确人力资源部门不同员工在信息系统中的权限范围，并针对人力资源管理和档案信息的录入制定统一的格式，规范档案信息管理过程中各项操作流程，明确文件的生成格式，确定统一的编号，对文件和数据信息进行分类管理，以此不断提高档案信息的管理质量和管理效率，确保信息系统中的档案有序、真实、可靠。

（三）提高系统安全管理，保证档案的安全性

企业在构建人力资源管理与档案管理信息系统时，需要为信息系统建立起防火墙，阻隔外界病毒、木马和黑客的入侵，避免企业的档案数据受到损坏或盗用，以此来提高系统的安全性。除此之外，企业还需要定期运行杀毒系统，对信息系统进行病毒查杀，为信息系统的运行创造一个安全良好的环境。同时，企业需要对人力资源管理部门的工作人员进行教育，规范工作人员的操作行为，坚决禁止擅自修改档案数据、删除档案数据的违规、违纪行为，严格要求工作人员按照相应流程办事，减少在操作中的失误，避免对档案数据造成破坏。

（四）培养信息管理人才，提高专业管理能力

企业在构建人力资源管理与档案管理信息系统的过程中，还需要加强对信息管理人才的培训工作，从而有效地提升系统运行的安全性和稳定性。企业应该进

一步扩大招聘渠道，吸纳更多信息管理人才；企业也应该对内部人力资源管理员工进行信息化的教育培训，从而让企业员工的信息化专业水平不断提升。企业还可以邀请专业的信息管理专家在企业内开展专题讲座，引导员工积极学习信息化管理的最新技术和最新知识，让企业人力资源管理人员能够更快适应信息系统的使用方式，并通过信息系统的各项功能为企业提供更加优质的人事管理服务，为企业的长远发展奠定良好的基础。

总之，构建人力资源管理与档案管理信息系统，是企业信息化发展的必然选择，能够有效提高企业人力资源管理与档案管理的质量与效率。因此，企业应该做好信息系统基础设施建设，为信息系统建立统一的管理标准，加强信息系统的安全防护，不断提高管理人员的管理水平，真正落实信息化发展战略。

第五章 人力资源和社会保障局档案管理策略

人力资源和社会保障局的档案管理目的也是使档案真正服务于人民群众。本章对人力资源和社会保障局档案管理发展趋势、人力资源和社会保障局的档案整理方法、人力资源和社会保障局档案管理信息化发展进行论述。

第一节 人力资源和社会保障局档案管理发展趋势

一、人力资源和社会保障局职责与档案管理的现状

第一,组织实施城乡社会保险及其补充保险政策和标准;执行全市统一的社会保险关系转移接续办法;执行机关企事业单位基本养老保险政策。

第二,组织实施全区公务员分类、录用、考核、奖惩、任用、培训、辞退等方面的管理;实施参照公务员法管理单位工作人员管理办法和聘任制公务员管理办法;承办区政府管理的副科级以下人员的人事任免事宜。

第三,执行开发区行政机关公务员行为规范、职业道德建设和能力建设政策;贯彻执行公务员职位分类标准,依法对公务员实施监督;负责开发区行政机关公务员信息统计工作;完善开发区行政机关公务员考核、培训登记制度,拟订开发区行政机关公务员培训计划;组织开发区行政机关公务员培训工作。

第四,贯彻实施公务员考试录用制度,负责组织开发区事业单位工作人员的

考试录用工作。

第五，贯彻执行市人力资源和社会保障局关于机关、事业单位人员工资收入分配制度改革实施意见；执行机关企事业单位人员福利和离退休政策。

第六，负责事业单位人事制度改革；执行事业单位人员和机关工勤人员管理政策；参与人才管理工作，组织实施专业技术人员管理和继续教育；推进深化职称制度改革工作；负责开发区高层次专业技术人才选拔、培养和引进工作。

第七，实施引进国外智力政策；负责开发区国外智力引进工作；综合管理来开发区工作的各类外国专家；组织开展引进海外研发团队工作。

第八，执行军队转业干部安置政策；负责军队转业干部教育培训工作；组织实施部分企业军队转业干部解困和稳定政策；负责自主择业军队转业干部管理服务工作。

第九，负责行政机关公务员综合管理；负责有关人员调配和特殊人员安置；会同有关部门实施政府奖励制度。

第十，贯彻落实国家有关农民工工作综合性政策和规划；协调解决重点难点问题，维护农民工合法权益。

第十一，实施劳动人事争议调解仲裁制度；完善劳动关系协调机制；监督落实消除非法使用童工政策和女工、未成年工的特殊劳动保护政策；组织实施劳动监察，协调劳动者维权工作，依法查处重大案件；完善人力资源和社会保障系统信访工作制度。

第十二，会同有关部门组织实施政府绩效评估工作，完善政府绩效评估的方法和指标体系。

"人力资源和社会保障局档案管理工作主要是对部门相关档案进行收集、保存和整理等，做好档案管理工作，对促进人力资源和社会保障局各项工作顺利开展、提升服务质量至关重要。"[1]档案管理工作对于人力资源和社会保障局来说是最基础的工作。同时，随着时代的发展，人力资源和社会保障局的档案管理工作也应该与时俱进，保持先进性，以便于更好地提供服务。

从个人层面来说，档案管理工作与个人的学习、就业以及个人的职位晋升等

---

[1] 爱丹.新环境下人力资源和社会保障局档案管理策略研究[J].商业文化，2022，(16)：33.

密不可分，发挥着很好的辅助作用；从国家层面来讲，档案管理工作是国家秩序得以顺利开展的保证，为各项工作的开展提供了信息的支撑，如民生、党和国家的事业以及社会的稳定性等工作。随着国家经济和科技的发展，我国的人力资源和社会保障局的档案管理工作也面临着信息化和现代化的新机遇，使我国人力资源和社会保障局的档案管理朝着多元化的方向发展。我国人力资源和社会保障局的档案管理工作面向广大人民群众且服务于广大人民群众，但是由于档案的对象广泛，加上数量庞大，所以在进行档案管理时出现了各种各样的问题。

二、人力资源和社会保障局档案管理有效策略

（一）进行档案管理制度的统一规划

人力资源和社会保障局要想实现档案管理制度的统一规划，首先，应对档案管理各部门进行整合。整合工作完成之后才方便进行管理制度的完善和统一规划管理。之后，就可以建立有关人力资源和社会保障局的档案管理体系。在体系的构建中，人力资源和社会保障局要加强和档案管理相关部门之间的沟通和交流。有效的沟通和交流是保证默契度的前提，只有沟通到位，才能实现相互配合，才利于完成工作。从另外一个角度来讲，这也是实现了合理配置资源和档案资源信息共享。档案管理体系的内容牵涉范围很广，涉及社会生活的方方面面，包括个人的档案、生育、养老、医疗和再就业等。健全人力资源和社会保障局的管理机制，要有科学的教育、规范和奖惩机制，保证档案管理工作的实际效率。在健全人力资源和社会保障局的管理体系中，还要注重设置统一性的机构。机构的设置能够在很大程度上满足档案管理工作中所需要的专业型人才，做好岗位的明确分工，落实岗位的相关责任制度，减少工作过程中的工作失误。

（二）加快档案管理的标准化建设

人力资源和社会保障局的各有关部门要实行对人员和档案资料的集中管理，并且设置档案管理数据库的统一性标准。标准的设置可以保证档案管理的工作人员在工作时按照一定的标准去开展工作，也能保证档案管理人员的工作达到合理的标准。标准化数据库的建立能够改善档案管理工作的工作环境，提升数据库设施的配置水平，提升档案工作人员对计算机的应用能力和水平。同时，标准

化的数据库还能够做到及时更新数据库信息，有效地调用各种档案信息，保证档案信息的价值。另外，人力资源和社会保障局要保证办公室和档案室严格分开，两者不能相互混淆，这样更有利于进行档案的管理工作，也能增强管理的有效性。另外，在新环境下，人力资源和社会保障局都把现代化的信息管理作为档案管理的基础内容，严格地将先进的技术和独立性的分工合作作为基础。以此建立档案信息的共享服务平台，保证档案管理建设的标准化，切实保证现代化档案管理的效果。

（三）增加对档案管理工作的重视程度

要加大人力资源和社会保障局对档案管理工作的重视程度就要从思想观念上动脑筋，让领导者和管理人员能够及时地转变思维，理解到劳动社会保障管理的重要性。领导阶层的重视是人力资源和社会保障局开展工作的重要保证，尽可能地提升每一个档案管理人员的工作热情和工作意识，做好档案管理工作的宣传工作，保证档案管理部门和其他部门之间的协作配合，赢得政府部门的信任和支持。只有政府重视，才能为人力资源和社会保障局争取人、财和物的投入，才能够保证综合性的档案管理室的建立。建立综合的档案管理室能起到对整个档案室综合管理的作用，方便档案信息的收集和整理工作，减少重复性工作和操作，保证档案信息更加完整。

（四）提升档案管理人员的专业素质

在新环境下，现代化的档案管理才是主流，这对档案管理人员也提出了新的要求。人力资源和社会保障局在新的环境下要求档案管理人员的专业化水平要超出实际工作的需要，只有这样，才能及时应对发生的各种复杂事情，及时处理各种异常事件。人力资源和社会保障局还要做好档案管理人员的培训工作，更新他们的管理观念，确保其能正常进行各种设备的操作和使用；培养他们的服务意识，保证其有积极向上的态度和认真负责的工作方式，保证档案管理人员的专业素质得到提升。

（五）实现信息化管理

在新的环境下，人力资源和社会保障局要保证工作的先进性，积极引进先进的工作设备和信息化的技术等，做好设备的及时更新和技术的改革创新；充分发挥信息技术的先进性，保证人力资源和社会保障局档案管理的效率。这种信息化的档案管理减少了档案资料受到损坏和丢失的情况，降低了工作失误率，有利于档案的保存。

三、人力资源和社会保障局档案管理的未来发展

调查、分析最近年来人力资源和社会保障局档案管理的变化，我们可以知道，档案管理将走向信息化。只有实现档案管理的信息化，档案管理部门才能冲破档案利用的各种限制，从封闭的管理模式中走出来，才能从档案的管理和利用向信息的采集、服务、管理职能方向转变，从而实现档案信息资源的合理分配及科学管理，为社会提供更好、更优质的服务。信息化的档案管理可以为知识普及、科学研究等提供更智能的服务。档案信息化能实现一次性投入、反复利用的效果，还可以实现信息的即时共享，缩短档案的查阅时间，提高档案管理的时效性。信息化的档案管理可以避免"时空黑洞"现象。随着信息技术的不断发展及电子商务、电子政务的普及，想要做好人力资源和社会保障局档案管理，档案管理人员就必须具备管理电子文件的能力，以管理档案的方式管理文件信息，使信息化的档案管理发挥最大优势。

数字档案馆的出现是信息化档案管理发展的必然趋势。和传统的档案管理相比，数字档案具有管理计算化、信息多媒体化及储存多样化等特点，充分发挥了档案管理的职能和责任，有效解决了档案原件保护和利用之间的矛盾，提高了档案原件的保存时间。可以说，数字档案让人们对档案的检索更加方便、快捷，不仅满足了人们利用档案的需求，而且有效提升了工作效率。有了数字化、信息化的档案管理方式，档案管理人员就可以提供更加专业、更加快捷的档案搜索服务，大幅提高档案利用效率。

四、人力资源和社会保障局档案管理人员业务水平的提高策略

第一，提升管理能力。档案管理人员要不断学习现代化的管理知识，掌握现代化的管理技巧，通过不断学习，提升自身的管理能力。

第二，提高思想认识。目前，市场经济体制不断完善，各项社会事业得到了快速发展。这让档案管理的难度逐渐增加，给档案管理工作人员带来了一定的压

力。在新形势下，相关部门要逐渐提高档案管理工作人员的思想认识，给予其更多制度保障，改善他们的工作环境，提高工资待遇，完善相关的硬件设施。

第三，提升创新能力。档案管理工作是带有一定研究性的服务工作。档案管理人员应该认识到自己的职责和自己的工作对社会的重要性，善于从工作中不断汲取经验，将这些好的办法应用于自己的工作，提高自身的创造力，为档案管理工作注入新的生命，让档案管理工作不断创新。

总之，现如今的档案管理越来越信息化，越来越便捷。人力资源和社会保障局档案管理人员要认清档案管理的发展趋势，不断提高自身的信息技术水平、文化素养及职业素养。人力资源和社会保障局要为档案管理工作的开展提供有利的物质基础，无论是计算机，还是管理软件，都要加大投入。只有这样，才能促进人力资源和社会保障局档案管理的发展，才能为社会更好地服务。

第二节　人力资源和社会保障局的档案整理方法

人力资源和社会保障局档案整理方法要根据档案类型合理进行选择，具体分析如下：

一、纸质档案整理方法

人力资源和社会保障局档案可以划分成两类，一类是办公室产生的公文；另一类是各处室归结出的业务资料。这样对档案进行区分之后，档案管理工作开展的方向就比较明确了。

（一）关于"件"

我们先来看档案的特点。这类档案针对性比较强，不能被修改，更不能丢失，并且这类档案的量不大，因此我们可以使用"件"的档案整理方法，来对办公室的文件档案进行保存管理。

办公室文件、公文十分重要，其法律效力比较强，而且有一定时效性。这类档案的特点是数量少，不经常查阅，所以在进行档案管理时，只需要做好档案的归档分类保存即可。结合这种档案特点，可以采取"件"的档案管理方式。如果是一些相对复杂的档案，可以先根据内容做进一步分类，如法律文件、规划部署等，因其后期使用的概率比较低，所以不需要十分具体，这样可以提高档案管理效率。针对有些管理易发生错误的文件，其联系性比较强，可以从档案名称来知道档案的具体内容，一旦发现管理失误，档案管理工作人员也可以快速整理修正。

（二）关于"卷"

人力资源和社会保障局的业务档案具有零散、量大、群体性的特点，所以，针对这类档案进行管理时，应该做好整合分析，然后采取"卷"的方式来进行档案整理，可以保证档案的整体性，能够根据档案相关的内容找到其他相关的档案，发挥立卷档案整理的优势。

分类概括：业务档案多数都是民生问题，并且个人档案居多，采取立卷的方式，可以对档案的相关信息进行展示，这样在查阅档案时，可以快速定位，同时保护档案的安全。

立卷简易：业务档案按照其特点，不必逐一姓名列出，只需要列出一些共性的信息，如街道名称、住宅名称、所在公司名称等，这样档案的案卷标题简写即可，如招工表等，不存在争议问题。

二、电子档案的整理方法

（一）电子档案的整理

对于电子档案的整理，新形势下，档案管理人员应该做到：第一，保证所有电子档案都规范化管理，并且所有档案都集中组盘；第二，构建一个完善的数据库，利用这个数据库对电子档案信息进行管理，做好分类，建立不同的文件目录，便于日后查阅。同时，针对有些纸质档案，如果进行电子档案的整理，要求档案管理人员利用现代化设备将档案信息录入计算机，然后借助网络技术完成档案数据的传递。档案管理人员完成档案整理之后，还要进行电子档案正常的分类管理，做好档案的分类归档，收入电子档案数据库中保存。在对电子档案进行管理时，管理人员要对所有的电子档案进行整理，全部输入一个数据库系统当中，并且要在输入过程中，附加一些文字和多媒体信息——文字信息主要是对人综合信息的描述，多媒体信息主要是音频、图像等信息。新形势下，人力资源和社会保障局的档案内容中，电子档案比较多，如设备、声像等。针对电子档案进行整理时，档案管理人员需要先将这类档案进行扫描，然后再将信息按照标准进行整理，便于日后用户的使用查询。对于设备类的电子档案，其档案已经从纸质向电子转换，所以，管理人员在管理时，不仅要采取正常的档案整理方法，还要建立一个工作台，对档案进行详细的归类整理。

（二）电子类档案的保护

第一，电子档案的保护。目前来看，我国电子档案在保存过程中，一直处于脱机状态，人们在保存数据时，会应用软盘。在新形势下，科学技术不断进步，也促进光盘的升级，这是因为光盘在使用过程中，具有抗干扰能力好、结构稳定、保存时间长等优点，所以，人们会将其应用在电子档案的保存中。电子档案逐年增加，档案管理部门充分利用光盘，所以软盘并没有被彻底改革。在日常档案工作中，管理人员应该采取有效措施来对电子档案进行保护，确保电子档案的安全。

第二，软磁盘的保护。针对软磁盘进行保护时，一是要做到软磁盘的规格统一，最好使用高保密软盘，同时保证软盘的质量，因为软盘质量对档案数据的保存有着直接影响。二是进行软盘保管时，要选择合适的环境，避免放置在较强的磁场、震动、有腐蚀气体等场所。环境湿度也要符合要求，保持在50%，温度控制在20℃。三是档案管理部门还要定期对环境进行病毒检测，避免磁盘被病毒侵蚀。针对一些加密过的电子文件进行保存时，要先解密再保存，如果条件可以，应该转移到光盘上存储，延长档案的保存时间。

第三，光盘的保护。排放、使用要规范：光盘存放时，要保证光盘放置在盒子里，盒子要竖着放置，这样光盘不会出现翘曲的问题；另外，在光盘被使用时，也要轻拿轻放，避免出现划痕，影响光盘正常使用。温度、湿度良好：光盘存放时，要保证周围的环境温度适宜，不能过高，也不能太潮湿。如果光盘一直裸露在外面，很容易氧化，甚至片基霉变。所以，光盘存放的温度要在14～24℃，湿度要保证在40%～65%。做好避光工作：光盘表层都有一层保护层,这个保护层是塑料的。光盘在被紫外线长期照射之后,会受到损伤,甚至提前老化,影响正常的使用。因此,在保存光盘时,要做好避光处理,同时根据光盘、磁盘的保存年限,定期做好复制、转存工作,转存之后,还要使用原来的编号继续保存。

三、新形势下人力资源和社会保障局档案管理策略

(一)转变观念,重视档案管理工作

人力资源和社会保障局想要做好档案管理工作,首先要转变观念,重视档案管理工作。一是人力资源和社会保障局档案管理部门应该争取相关领导的支持,给予资金投入,同时还要对档案管理工作的作用进行宣传,使得相关工作人员能够重视档案管理工作。二是要做好综合档案室的建设,所有档案都统一管理,不仅有利于档案信息的保存和后期维护,还能实现档案的共享,为档案使用人员提供便利。三是构建规范化的档案管理系统,使所有档案数据保持一致,保证档案数据的真实完整。

(二)落实好机构建设工作

人力资源和社会保障局的档案管理工作相对比较复杂烦琐,并且工作量较大,所以,需要有大量的档案管理专业人员来完成档案管理工作。档案管理部门要保证部门内有充足的档案管理专业人员,并且要做好管理人员的分工,明确岗位职责,以免因为缺人影响正常工作。另外,人力资源和社会保障局要落实好机构建设工作,所有档案管理工作要在档案室内完成,并且要保证档案管理工作全部按照相关规章流程来完成。档案管理室内要配齐档案管理的相关设备和工具,同时构建档案管理的数据库系统,科学利用各类资源,保证档案管理工作的有序进行。

(三)提高档案管理人员的专业素质

新形势下,传统档案管理模式已经不适应现代档案管理需求。一些年龄大的档案管理人员占比较高,并且其所掌握的档案管理知识比较陈旧,对于新的档案管理知识不了解。随着信息技术的不断发展,档案管理设备一代一代地变更,

更多的先进设备被引入档案管理中，档案管理人员的综合素质和现代档案管理发展需求明显存在差距。因此，人力资源和社会保障局要从档案管理人员的专业素质着手，提高管理人员的综合素质。首先要持续组织档案管理人员学习档案相关规章制度，以此来提升档案管理人员的法律意识和管理理念；要不断提升其档案管理专业知识，助力档案管理工作的开展。同时，还要培养新的档案管理队伍，招募一批具有现代信息技术和管理理念的人才，提升整个档案管理队伍的综合素质。

（四）建立健全运行机制

由于档案包括的内容比较多，范围比较广，如医疗、养老等，在档案管理工作正常开展过程中，存在一定的难度。想要保证档案管理工作的有效开展，就需要完善的管理机制为支撑，人力资源和社会保障局应建立健全档案管理运行机制，保证档案管理工作能够科学、规范地开展。另外，还要对档案管理工作人员开展持续的培训，不断提高岗位人员的专业素质，提升档案管理人员的工作能力，以此保证档案管理工作高质量开展。

（五）强化信息化管理

人力资源和社会保障局开展档案管理工作时，应该适应现代化的发展，做好数字化转型，保证纸质档案和电子档案之间可以有序衔接转换，全面提升档案管理效率，以免档案因磨损、腐蚀等问题不能正常使用。采用信息化管理方式，不仅可以有效节约经济成本，还能促进档案的现代化管理，减少档案管理人员的工作量，促进人力资源和社会保障局档案创新管理。在人力资源和社会保障局档案信息化管理建设中，首先要明确档案管理的标准，充分借助先进的信息技术，保证档案数据的管理效率和质量，构建信息化档案管理体系，有效保证档案信息化管理效果。

（六）档案管理的其他思索

近年来，经济迅速发展，我国的各项制度也在不断优化变革，相应的档案管理制度也在不断完善，档案管理人员利用现代信息技术，针对各类档案进行分类，构建了一个全面的档案工作管理体系，保证了档案管理质量。新形势下，档案管理工作要具有新时代的特征，同时对档案管理人员专业素质有着较高的要求，档案管理部门应该不断创新档案管理模式，提高档案管理人员综合素质。

此外，可从档案外部入手，找到更多的管理档案的方法。例如，国家应该出台一些档案管理政策，规范这类档案的管理细则，进而提高档案管理的效率。再如要设立专门的档案部门，做好人才档案的管理和分析，总结出人才培养的规律，同时创新档案管理方式，保证档案管理的科学性、严谨性、安全性。还可派专门的管理人员对人才档案进行抽查监控，进而确保档案管理的效果。

第三节 人力资源和社会保障局档案管理信息化发展

一、制定完善的制度体系

"信息化时代背景下，各领域行业的工作都实现了信息化的管理，人力资源和社会保障局的档案管理工作开展中，就要注重档案管理的信息化，从而提高管理的质量和效率。"[1]制度体系对于任何一项管理工作而言都十分重要。在人力资源和社会保障局档案管理工作中，制定并完善信息化档案管理制度体系，可以引导相关人员将各项工作落实到位，帮助他们正确使用信息技术于档案管理工作中，进而更好地完成工作进度，将人力资源和社会保障部门档案管理水平提升上来。基于此，相关部门和主要管理者必须充分提高制度体系建设意识，积极制定并拓展制度中的信息化内容，如信息技术应用标准和要求等，通过制度把管理人员的工作积极性和主动性激发出来。对工作成绩突出者要进行相应的物质奖励和精神奖励等，赋予档案管理工作人员高度的责任感和归属感，使其专心投入实际工作中去。

---

[1] 冷延海.浅谈信息化时代人力资源和社会保障局的档案管理[J].办公室业务，2018，（11）：87.

二、加强人员和资源配备

档案管理部门必须做好管理人员的配置工作，确保管理者构成与日常档案管理工作相符合。同时，还要做到分工合理、权责清晰，落实好个人的权责，并防止出现人手缺失现象。此外，要结合实际工作需求，加大档案室的建设工作力度，且还要优化设备和管理用具的配置工作，进一步完善档案室的各种设备资源，保证档案管理工作水平的稳步提升。

三、制定数据库标准

首先，要突出体现档案资源性和特殊性，并拓展其价值性。其次，针对电子档案文本和传递方式这两方面，要进行统一化设定，通过引入新的设备和技术，确保跨地区的电子档案传输效率满足应用需求。借助大数据技术对档案管理工作量加以控制，确保档案资源被合理有效利用。最后，要加强档案规范化标准的制定，加大推广力度，统一化管理分级档案室和各部门档案管理，确保在职人员档案管理作用能够充分展现出来。

四、加强档案管理人员的培训

信息化时代下，很多新的档案管理标准和要求"应势而生"，很明显，传统的档案管理方法已无法满足新的需求。为了更好地将先进的信息技术手段应用于档案管理工作实际，针对当前大多数工作人员综合素质不佳这一问题，相关部门应积极开展培训活动，确保档案管理人员能够充分吸收新的管理技术，掌握一些基本的信息技术，不断强化信息技术应用意识的同时，提高其专业水平。

信息化时代下，人力资源和社会保障局档案管理工作必须迎合时代发展要求，满足信息化建设需求，努力达到新的建设高度，通过将先进的信息技术应用于档案管理工作实际，使更多工作细节得到完善，并在整个过程中不断提高信息化建设标准，使更多潜在问题被及时发现并解决。

第六章 人力资源档案管理信息化发展

信息化给我国人力资源档案管理的进一步发展提供了重要的技术力量保障。本章对人力资源档案管理信息化的影响因素、人力资源档案管理信息化建设高质量发展、人力资源档案管理大数据管理模式进行论述。

第一节 人力资源档案管理信息化的影响因素

"人力资源档案管理是社保局的重要工作,在信息技术不断发展的今天,进行人力资源档案管理信息化建设极为重要。"[①]在人力资源档案信息化管理系统中,要求建成应用层、管理层和网络层,所有分层要各司其职。其中管理层的任务是满足所有人员向其中输入正确的指令和存储资源档案要求,网络层是完成各类数据的传输任务。管理层要根据专业的指令从数据库获取数据,并且把信息纳入后续的数据分析过程。从作用效果上来看,当前信息化系统存在一定的运行问题。

一、系统本身影响

信息化系统无论是建设还是后续的使用过程,都会由于一些客观因素的存在

---

① 杨淑芬.人力资源档案管理信息化建设的必要性分析[J].办公室业务,2019,(12):74.

导致其出现故障，常见的缺陷有两种表征：

一种是在建设以及设计过程中由于对于各类层级的分析效果较差，导致实际使用和建成的系统无法发挥应有作用，或者一些操作设定违反工作人员的实际操作流程，从而无法发挥应有作用。

另一种是在后续的运行过程中由于受到人工损坏以及该系统本身的缺陷，导致整个系统容易遭受严重的外界干扰。尤其是安全防护系统的建设，要求建立的系统能够全面发挥对于外部网络攻击的应有防范作用，从目前的作用效果上来看，信息化系统在这方面通常存在较大的缺陷，无法安全抵抗外部干扰。

二、工作流程影响

当前的问题在于，一方面大量人员并未完全按照企业系统的要求补充个人知识，另一方面该系统的单位也不注重人员的个人素质素养考核工作，甚至在操作流程方面，完全按照人员的个人方法和已经具备的原有知识操作信息化系统，自然不利于专业化以及科学化管理体系的建立。

通过对不同工作单位当前系统操作和管理流程制定方法的分析，发现20%以上的企业并未根据信息系统建立专业化的管理制度，甚至在信息化系统的维护岗位建设方面存在人员严重缺乏及有缺陷的问题，该问题的发生概率较高，保持在80%以上。专业人员的缺陷和数量不足自然不利于工作流程的正常确定和升级，在很大程度上会让信息化系统停止运行或者出现人力资源档案管理工作质量大幅下降问题。

三、系统管理影响

关于信用系统的管理，要求人力资源档案的管理人员主动提高个人素养以正确操作该系统，也要求配备专业化的辅助性专业人员，包括该系统所用软件的日常管理人员、安全防护系统的升级人员、系统运行状态的管理人员等。要求所有人员各司其职，并严格按照已经制定的规范化管理制度确定工作任务，包括对于当前系统中存在故障和缺陷的分析、系统运行状态的调查、系统可升级软件的明确和研究等。只有让所有管理系统都被纳入严格的监测体系，才可以让该系统的运行质量得以保障。就当前的实际运行过程来看，大量企事业单位以及工作部门并未配备针对该系统的专业维修检测体系，并且这一问题占据所有故障引发因素的50%左右。从中可以发现，人力资源档案管理信息化系统并未配备专业化的辅助管理系统，自然容易导致该系统无法保持安全稳定的运行状态。

四、人员素质影响

信息化系统的人员素质影响因素有两个，第一个是建设人员的素质影响，第二个是操作人员的素质影响。操作人员的素质对于人力资源档案管理的信息化系统运行过程的影响最大，通过相关数据的获取和调查，发现在已经建成了管理系统的企业以及单位中，大量人员并未按照专业化的管理举措和相关要求落实各项工作。

第二节　人力资源档案管理信息化建设高质量发展

一、优先人力资源档案管理系统本身建设

在系统的设计和建设过程中，要求设计人员完全按照单位的人力资源档案管理需求完成服务器、数据库、网络应用层等体系的全面建设工作，从而让最终建设的系统能够满足该单位的各项需求。

在系统的后续建设中，要求所有设备的装配地点都要配备专业的环境维持设备，并放置在独立的空间内，只有这样才可以避免整个系统防范环境变化引发的各类风险。

环境的维持设备，常用设施包括除湿装置、温度控制装置、通风装置以及温度测量专用传感器等。后续的作用效果表明，这些相关设备使用之后，系统的安全运行稳定性大幅度上升，并且设备的定期维护人员需求数量下降，故障的排除过程消耗时间也有了极大程度的缩短，说明采用的监管系统和建设思路可以满足该系统的安全运行和稳定运行要求。

二、科学规划人力资源档案管理工作流程

工作流程的规划包括日常操作过程的各类方法使用、专业化管理系统要求的

维修任务铺排、系统安全防范工作和故障排除过程等，要求所有的管理工作都要被纳入监管范畴之内，只有使用正确的操作流程才可以预防该系统中可能产生的各类故障。

信息化系统的日常检查工作需要纳入日常性的维护和安排工作内，其中铺排工作的效果是监管和分析日常操作过程中可能存在的问题，包括信息化系统中的硬件设备老化、软件系统的错误、综合系统的问题防范等。所有工作任务都需要被记录到专业化的表格内，而当发现该表格无法发挥应有作用时，可以确定当前管理数据已经经过升级和优化，要把这类新获取的信息及时存储到专用的设备维护服务器内，让数据库进行存储和记录。从实际的作用表现效果上来看，在建立了科学合理的工作流程之后，人力资源档案信息化管理系统故障率由原有的30%降低到10%，虽然其中含有的一些小故障不会影响信息化系统的正常运行，但是故障率下降依然会最大限度符合各类操作人员的使用习惯，提高了该系统使用过程的人性化标准。

三、有效人力资源档案管理体系升级

在管理体系的升级过程中，首先要对所有专业人员的素质进行考核，发现某人员的素质无法完成让系统正常稳定运行而需要的安全操作流程之后，需要让该人员接受后续的持续性教育以及调查，从而让该人员的实际素质符合信息化系统的正常操作水平。

关于系统维护和管理人员的素质考核，要求其需具备专业化的检修能力和从业素养，包括提高道德水准和个人素质，由此方可认为该人员符合整个系统的维护和使用准则。

关于后续跟踪系统的使用和建立，要求该人员能够完全按照专业化的工作指标使用权限，防止出现安全故障而无法及时排除问题。从取得的作用效果上来看，所有这些工作落实之后，系统的故障率大幅度下降，说明该项工作有落实必要。

四、加强人力资源档案管理人员素质管理

关于专业操作人员的素质管理，要求管理人员能够完全按照信息化系统的相关要求和管理制度，全面性提高个人素养。比如该系统的数据上传过程，要求人

员做好本地化的编辑工作之后,把建成的文件或文档上传给专业服务器,服务器可以按照文件的归类方案和程序把信息存储到服务器中。

系统维修人员的素质要求:这类人员能够完全按照网络系统的维修管理任务和工作指标,分析当前该系统是否可以处于长期的稳定运行状态。比如安全防护系统,建立的物理防火墙和软件防火墙都需要发挥应有作用,其中物理防火墙要求人员做好日常维护和各类故障的分析,要求所有人员了解该系统物理防火墙中所有跳线以及专业防护设备的运行状态,并且将其纳入后续的分析管理体系之内。以此为基础设定工作体系,以当前信息化管理系统的实际作用故障率数据为研究对象,发现当所有人员都完全按照这一工作流程和管理制度履行职责之后,该信息管理系统的安全保障能力大幅提高,上升的幅度为15%~18%。最后则是其余辅助系统的人员素质提升工作,要求其在日常的工作过程完全按照信息化系统的相关管理规范和各项制度,把人力资源数据上传给已经配备的服务器或者专业档案管理人员。而服务器的任务是把这些数据移交给档案的后续处理与管理人员,让其以文档和数据包的形式,把获取的数据上传给信息化系统服务器,并存储到数据库内。

总之,人力资源档案管理在信息化系统使用过程中,人员的素质调查工作缺陷、系统的建设问题、管理体系的本身缺陷等主要影响因素,都会导致该系统无法安全稳定运行。该系统的建设质量提高方法包括管理系统升级、人员素质的全面管理和提高、各项管理制度的落实和推行等。做到以上方面,信息化系统的故障发生概率方可大幅度下降。

第三节 人力资源档案管理大数据管理模式

一、对大数据的基本认识

（一）大数据的特点

大数据的特点如下：

第一，数据规模海量。随着信息技术的高速发展，数据开始爆发性增长。社交网络、移动网络、各种智能工具及服务工具等，都成为数据的来源。

第二，数据流转快速。数据流转快速是指数据产生、流转速度快，而且越新的数据价值越大。这就要求对数据的处理速度也要快，以便能够及时从数据中发现、提取有价值的信息。

第三，数据类型多样。数据类型多样是指数据的来源及类型多样。大数据的数据类型除传统的结构化数据外，还包括大量非结构化数据。其中，10%是结构化数据，90%是非结构化数据。

第四，价值密度低。价值密度低是指数据量大但价值密度相对较低，挖掘数据中蕴藏的价值数据犹如沙里淘金。

（二）大数据时代的价值

1.有利于描述数据价值

在通常情况下，描述数据是以一种标签的形式存在的。描述数据对具体的业务人员而言，能使其更好地了解业务发展的状况，让他们对日常业务有更加清楚的认知；对于管理层而言，经常关注业务数据也能够让其对企业发展有更好的了解，以做出正确的决策。

用来描述数据价值最好的一种方式就是分析数据的框架，在复杂的数据中提炼出核心点，让使用者能够在极短的时间里看到经营状况，同样，又能够让使用者看到更多他想看到的细节数据。分析数据的框架是对一个数据分析师的基本要求——基于对数据的理解,对数据进行分类和有逻辑的展示。通常,优秀的数据分析师都具备非常好的数据框架分析能力。

2.有利于体现时间价值

数据的时间价值是大数据运用最为直接的一个体现,通过对时间的分析,可以很好地归纳出一个用户对于一种场景的偏好。而知道了用户的偏好,企业对用户做出的商品推荐也就能够更加精准。

3.有利于使用预测价值

数据的预测价值主要分为两部分:第一部分是对某一个单品进行预测。例如,在电子商务中,凡是能够产生数据,能够用于推荐的,就都会产生数据,产生预测价值;第二部分是数据对于经营情况的预测,即对公司的整体经营所进行的预测,而且可以使用预测的结论指导公司的经营策略。

目前在电商中,作为无线团队的负责人,需要对数据进行预测。通过预测,将活跃用户分成新增和留存两个指标,进而分析对目标的贡献度分别是多少,并分别针对两个指标制定出相应的产品策略,然后分解目标,进行日常监控。这种类型的数据能够对公司整体的经营策略产生非常大的影响。

4.有助于提供个性化服务

对于个体而言,大数据能够为个人提供个性化的医疗服务。

在大数据的帮助下,将来的诊疗能够对一个患者的累计历史数据进行适当分析,并结合遗传变异、对特定疾病的易感性及对特殊药物的反应等关系,实现个性化的医疗。还能够在患者发生疾病症状之前,提供早期的检测和诊断。

在大数据的支持下,教育能够呈现另外一些特征:弹性学制、个性化辅导、社区和家庭学习、每个人的成功……大数据支持下的教育,就是要根据每一个人的特点,释放每一个人本来就有的学习能力。

5.有助于推动智慧驱动下的和谐社会

近年来,在国内,"智慧城市"建设也在如火如荼地开展。智慧城市的概念包含了智能安防、智能电网、智慧交通、智慧医疗、智慧环保等多领域的应用,而这些都需要依托大数据,可见大数据就是"智慧"的源泉。

在交通领域,大数据能够通过对公交地铁刷卡、停车收费站、视频摄像头等信息的收集,分析预测出行交通规律,指导公交线路的设计,调整车辆派遣密度，进行车流指挥控制，及时做到梳理拥堵，合理缓解城市交通负担。

在医疗领域，部分省市正在实施病历档案的数字化，配合临床医疗数据与病人体征数据的收集分析，进行远程诊疗、医疗研发，甚至可以结合保险数据分析进行商业及公共政策制定等。

伴随着智慧城市建设的火热进行，政府大数据应用已进入实质性的建设阶段，有效拉动了大数据的市场需求，带动了当地大数据产业的发展，大数据在各个领域的应用价值已得到初显。

（三）大数据的影响

大数据对科学研究、思维方式和社会发展都具有重要而深远的影响。

1.对科学研究的影响

人类自古以来在科学研究上先后历经了实验、理论、计算和数据四种范式。

（1）第一种范式：实验科学。在最初的科学研究阶段，人类采用实验来解决一些科学问题，著名的比萨斜塔实验就是一个典型实例。1590年，伽利略在比萨斜塔上做了"两个铁球同时落地"的实验，得出了重量不同的两个铁球同时下落的结论，从此推翻了亚里士多德"物体下落速度和重量成比例"的学说，纠正了这个持续了1900年之久的错误结论。

（2）第二种范式：理论科学。实验科学的研究会受到当时实验条件的限制，难以完成对自然现象更精确的理解。随着科学的进步，人类开始采用各种数学、几何、物理等理论，构建问题模型和解决方案。比如，牛顿第一定律、牛顿第二定律、牛顿第三定律构成了牛顿力学的完整体系，奠定了经典力学的概念基础，它的广泛传播和运用对人们的生活和思想产生了重大影响，在很大程度上推动了人类社会的发展与进步。

（3）第三种范式：计算科学。随着1946年人类历史上第一台计算机的诞生，人类社会开始步入计算机时代，科学研究也进入了一个以"计算"为中心的全新时期。在实际应用中，计算科学主要用于对各个科学问题进行计算机模拟和其他形式的计算。通过设计算法并编写相应程序输入计算机运行，人类可以借助于计算机的高速运算能力去解决各种问题。计算机具有存储容量大、运算速度快、精度高、可重复执行等特点，是科学研究的利器，推动了人类社会的飞速发展。

（4）第四种范式：数据密集型科学。随着数据的不断累积，其宝贵价值日益得到体现，物联网和云计算的出现，更是促成了事物发展从量变到质变的转变，使人类社会开启了全新的大数据时代。这时，计算机将不仅仅能做模拟仿真，还能进行分析总结，得到理论。

在大数据环境下，一切将以数据为中心，从数据中发现问题、解决问题，真正体现数据的价值。大数据将成为科学工作者的宝藏，推动科技创新和社会进步。虽然第三种范式和第四种范式都是利用计算机来进行计算，但是两者还是有本质的区别的。在第三种研究范式中，一般是先提出可能的理论，再搜集数据，然后通过计算来验证。而对于第四种研究范式，则是先有了大量已知的数据，然后通过计算得出之前未知的理论。

2.对就业市场的影响

大数据的兴起使得数据科学家成为热门人才。2010年的时候，在高科技劳动力市场上还很难见到数据科学家的头衔，但此后，数据科学家逐渐发展成为市场上最热门的职位之一，具有广阔发展前景，并代表着未来的发展方向。

互联网企业和零售、金融类企业都在积极争夺大数据人才，数据科学家成为大数据时代最紧缺的人才。大数据中包含了大量的非结构化数据，未来将会产生大量针对非结构化数据分析的市场需求，因此，未来中国市场对掌握大数据分析专业技能的数据科学家的需求会逐年递增。

尽管有少数人认为未来有更多的数据会采用自动化处理，会逐步降低对数据科学家的需求，但是仍然有更多的人认为，随着数据科学家给企业所带来的商业价值的日益体现，市场对数据科学家的需求会越发旺盛。

在未来5~10年，市场对数据科学家的需求会日益增加，不仅互联网企业需要数据科学家，类似金融、电信这样的传统企业在大数据项目中也需要数据科学家。高校可以秉承"培养人才、服务社会"的理念，充分发挥科研和教学综合优势，培养一大批具备数据分析基础能力的数据科学家，有效缓解数据科学家的市场缺口，为促进经济社会发展做出更大贡献。

高校培养数据科学家人才需要采取"两条腿"走路的策略，即"引进来"和"走出去"。

所谓"引进来"，是指高校要加强与企业的紧密合作，从企业引进相关数据，为学生搭建起接近企业应用实际的、仿真的大数据实战环境，让学生有机会理解企业业务需求和数据形式，为开展数据分析奠定基础，同时从企业引进具有丰富实战经验的高级人才，承担起数据科学家相关课程教学任务，切实提高教学质量、水平和实用性。

所谓"走出去"，是指积极鼓励和引导学生走出校园，进入互联网、金融、电信等具备大数据应用环境的企业去开展实践活动，同时努力加强产、学、研合作，创造条件让高校教师参与到企业大数据项目中，实现理论知识与实际应用的深层次融合，锻炼高校教师的大数据实战能力，为更好培养数据科学家人才奠定基础。

在课程体系的设计上，高校应该打破学科界限，设置跨院系跨学科的"组合课程"，由来自计算机、数学、统计等不同院系的教师构建联合教学师资力量，多方合作，共同培养具备大数据分析基础能力的数据科学家，使其全面掌握包括数学、统计学、数据分析、商业分析和自然语言处理等在内的系统知识，具有独立获取知识的能力，并具有较强的实践能力和创新意识。

（四）大数据的关键技术

大数据技术是指用非传统的方式对大量结构化和非结构化数据进行处理，以挖掘数据中蕴含价值的技术。大数据的关键技术如下：

1.数据采集技术

数据采集就是将这些数据写入数据仓库中并整合在一起。就数据采集技术本身而言，大型互联网企业由于自身用户规模庞大，可以把自身用户产生的交易、社交、搜集等数据充分挖掘，拥有稳定、安全的数据资源。而对于其他大数据公司和大数据研究机构而言，目前采集大数据的方法主要有如下4种：系统日志采集；互联网数据采集；移动端数据采集；与数据服务机构进行合作。

2.大数据整理

数据整理，也叫数据准备，是在挖掘提炼数据价值的过程中进行的前期的数据预处理工作。数据整理是为了使数据更好地服务于数据分析而对数据进行的审查和转换的过程，它是整个数据分析流程中最占用精力的过程。从技术上讲，数据整理包含前期数据解析与结构化处理、数据质量评估与数据清洗、数据集成和提纯等过程。由于问题的复杂性，数据整理过程通常不是完全自动化的，而是需要用户介入的反复迭代和交互的过程。

数据整理的核心技术如下：

（1）数据的结构化处理。结构化处理是要对原始数据进行解析，提取出需要的信息，再进一步将其转换成结构化数据。结构化处理的主要输出形式是二维表或者图数据，它需要用户确定数据在转换过程中采用的规则。

（2）数据质量评估。结构化处理主要是数据表达形式上的转换，数据结构化之后并不意味着能够直接使用。处理后的数据还要进行质量评估，如果发现数据中存在问题，则采取进一步的数据清洗措施。这个过程被称作数据质量评估。

（3）数据清洗。随着数据质量问题的发现，用户可以定义一些数据清洗规则，批量化地处理数据中存在的质量问题，提高数据清洗的效率。在数据清洗过程中，需要多轮次的人机交互，系统的交互界面和交互方式对于数据清洗算法的有效性尤为重要。

（4）数据规范化。数据清洗还有一项重要的内容是数据规范化，规范化有简单的底层数据层面的，如数据类型转换、单位变换、格式表换等，也有较为复杂的数据项规范化处理，如电话号码、邮编、地址等。这类问题的主要成因是自然语言表达上的差异性会造成同一实体存在多种表达形式。

数据的规范化处理需要根据应用的需求特点，确定数据粒度和表达方式。地址规范化处理背后的问题是实体链指问题，即把同一实体的不同表达形式（不同名字）映射到同一个实体名字上，消除实体表达的语义鸿沟，进而通过关联在数据集中不同地方出现的相同语义的实体，达到数据融合的目的。

（5）数据融合。数据融合是数据集整合的过程，将多个数据集（很可能来自多个数据源）融合到一起，可使数据内容更丰富，更容易获得新的发现。

（6）数据摘取。从数据集中提取部分数据（如一些样本或者数据片段），降低数据量，供数据分析模型实现分析操作。这一过程被称作数据摘取，它需要根据任务的特点摘取相关数据。

（7）发布共享。大数据中经过数据整理过程的数据，其数据的来源关系需要被记录下来，以确保用户能够追溯数据的来源，也便于利用索引技术检索需要的数据整理操作。企业内部对数据整理的共享对于企业内部知识管理、协同工作而言有很重要的意义。

3.大数据存储技术

在大数据系统中,由于数据量的庞大,所以大数据的存储都是采用分布式存储的方式。大量的数据被分块存储在不同的数据中心、不同的机房以及不同的服务器节点上,并且通过副本机制来保持数据的可靠性。

大数据领域最著名的存储技术就是Google的GFS[1]和Hadoop[2]的HDFS,HDFS[3]是GFS的开源实现。HDFS的设计理念非常简单,当一台计算机无法存储所有需要的数据时,就使用多台机器共同存储,当机器数量越来越多时,就形成了一个大规模的集群。

Hadoop分布式文件系统是大数据的根基,它的优点包括:①能够存储大规模数据。能够支持过万的节点,其数据量可以达到PB级,文件数量可以达到百万以上。②流式访问数据。Hadoop分布式文件系统采用一次写入、多次读取的模式,保证了数据的一致性。③运行在廉价机器集群上。Hadoop分布式文件系统对硬件要求低,配置集群只需要普通的硬件就可以,不必专门购买昂贵的机器。④高容错性。虽然廉价机器的故障率可能比较高,但是Hadoop分布式文件系统集群具有高容错性。

Hadoop分布式文件系统的设计和GFS[4]的高度一致,Hadoop分布式文件系统是一个开源项目,所以Hadoop分布式文件系统要考虑到应对不同的业务逻辑需求,会尽量设计得更简洁通用。GFS和Hadoop分布式文件系统的区别主要包括:①快照。GFS中拥有快照功能,可以在不影响当前操作的情况下对文件进行拷贝,其拷贝的结果实际上是产生一个快照文件指向源文件,该源文件会增加引用计数。②垃圾回收。当任务完成且程序运行结束时,系统需要回收之前分配的资源。在Hadoop分布式文件系统中采用的是直接删除的方法,而在GFS中采用的是惰性回收的策略。所谓惰性回收就是在任务结束时不会立刻回收所有文件资源而

---

[1] Google文件系统(Google File System,简称GFS或GoogleFS),一种专有分布式文件系统,由Google公司开发,运行于Linux平台上。GFS专门为Google的核心数据即页面搜索的存储进行了优化。

[2] Hadoop是一个由Apache基金会所开发的分布式系统基础架构。它可以使用户在不了解分布式底层细节的情况下,开发分布式程序,充分利用集群的威力进行高速运算和存储。

[3] HDFS(Hadoop Distributed File System)是hadoop生态系统的一个重要组成部分,是hadoop中的存储组件,在整个Hadoop中的地位非同一般,是最基础的一部分。

[4] 谷歌文件系统(Google File System)

是标记这些文件资源，防止普通用户访问，一段时间后再删除。

4.大数据管理技术

在大数据中出现了大量的半结构化和非结构化的数据，在大数据管理中，通常使用非关系型数据库，其中最常用的就是HBase[①]。HBase采用了列式存储，本质上就是一个按列存储的大表。列式存储，其数据是按相同字段存储在一起的，每一列单独存放，不同的列对应不同的属性，属性也可以根据需求动态增加。

5.大数据处理技术

在存储了大规模的数据之后，就需要对数据进行处理。大数据处理技术主要是分布式计算。分布式计算的分类如下：

（1）MapReduce。MapReduce是一个大数据的计算框架，它是一种离线计算框架，需要先将数据储存起来再进行计算，非常适合大规模的数据集中性计算。在高度容错性的系统和HBase的基础之上要进行分布式并行编程并不是一件简单的事情，为了能够让所有的程序员都可以轻轻松松地开发出分布式计算的程序，MapReduce由此诞生了。MapReduce主要分为映射（Map）和归约（Reduce）两个过程，一个作业会被系统分成多个小作业，其中每一个小作业就是一个Map任务，它们被分配到各自独立的机器上执行，完成了Map任务之后又会开始Reduce任务，将Map任务的结果作为输入，并将结果进行规约简化，这样一个大的作业就被大量的节点共同完成。

MapReduce的主要功能和优点内容如下：

第一，资源划分和任务调度。架构中的主节点能够进行资源的划分和任务的调度，这样程序员就不需要了解怎么将一个大作业分成小任务，再给每个人分配任务所需的资源，程序员只需要把注意全部放在处理逻辑上，定义好了函数之后，系统就可以自动完成整个分布式并行计算任务。

第二，故障检测和恢复。大规模的集群发生故障的节点是一种很正常的事情，框架中的节点可以通过心跳机制来反馈节点的资源使用情况和健康状态。对于出了故障的节点只需要将故障节点的数据备份，故障节点上的任务就会交给其他节点执行，从而保障了系统的可靠性。

第三，减少数据通信。框架可以对数据和代码进行双向定位，让处理数据的

---

① 开源的非关系型分布式数据库

代码尽量在数据存储的节点上执行，这样可以减少数据迁移带来的网络延时，从而提高系统的效率。

（2）Spark。Spark是一个大数据处理的框架。

第一，Spark的框架。Spark的框架组成如下：

SparkCore：这是Spark的基础组件，提供Spark基础服务，包括任务管理、计算引擎等功能。

SparkSQL：这是一个提供SQL[①]查询功能的组件，用于处理结构化的数据，便于熟悉关系型数据库的人使用。

SparkStreaming：提供了API进行实时数据流操作，有点类似于Storm。
MLlib：提供机器学习相关的API，包含机器学习常用的算法。

GraphX：提供图计算的库。

ClusterManager：集群管理器，可以是Spark自带的单独调度器。

第二，Spark的特性。

处理速度快。Spark扩充了MapReduce的计算模型，可以支持更多类型的计算，更重要的是，Spark是在内存中计算。Spark从磁盘上读取数据之后每次计算不会将中间结果写回磁盘，而是将数据保存在内存中，等到完成了所有的任务，才将最后的结果写回磁盘，所以Spark的批处理速度比MapReduce快了10～100倍。

更具有通用性。Spark支持多种编程语言，支持更多的程序员使用，Spark对于结构化数据也提供了SQL的交互式查询，使得非程序员也可以方便使用。另外，Spark不仅自己带有独立的调度器，也可以运行在其他调度器之上，所以，Spark不仅可以独立使用，也可以集成到其他集群中使用。

支持流式计算和图计算。Spark不仅可以像MapReduce一样进行批计算，也可以通过SparkStreaming组件像Storm一样进行实时计算，还可以调用Pregel的API进行图计算，极大地扩充了Spark的使用场景。

（3）Storm。Storm的诞生是为了弥补MapReduce只能做离线批处理的缺陷，所以它保留了MapReduce的分布式处理、高度容错性和支持多语言等优点，并定

---

① 结构化查询语言（Structured Query Language，SQL）是一种特殊目的的编程语言，是一种数据库查询和程序设计语言，用于存取数据以及查询、更新和管理关系数据库系统；同时也是数据库脚本文件的扩展名。

位为一个开源的实时计算框架。目前，Storm被广泛应用在信息流处理、连续计算、广告推送和实时日志处理等领域。

在数据获取的阶段，Storm是将获取的数据放到消息队列中，而MapReduce是将数据存放到中高度容错性的系统。Storm会实时读取消息队列并开始计算，而MapReduce是存储到了大量数据之后再将数据送入计算系统。

在数据计算阶段，Storm的进程是一直存在的，只要消息队列中一有数据就可以开始计算；而在MapReduce中，其管理进程是对已经存储的大量数据开启计算进程，任务结束后又会关闭计算进程。并且Storm的计算单元之间的数据是通过网络直接传输，而MapReduce的中间结果需要写入高度容错性的系统，然后被后续计算单元读取。这样Storm的计算就少了大量的磁盘读/写时延。在计算完了数据之后，Storm直接将运算的结果展示出来，而MapReduce需要等待所有的计算任务完成并写入高度容错性的系统后，再统一展现。因为以上几点的不同，Storm的时延低、响应快，所以更适合做实时数据处理。在实际使用中，我们需要根据实际的需求使用对应的计算框架。

（4）Pregel。Pregel是Google开发出来的大规模分布式图计算框架，与前面主要进行数据计算不同，Pregel主要用于图计算，被广泛用于图的遍历和最短路径的计算中。

在Pregel中，输入的数据是一个有向图，其顶点和边都含有属性和值。顶点与顶点之间通过消息机制传递数据，每个顶点可以有两种不同的状态，分别为活跃（Active）状态和不活跃（In-active）状态。初始状态时，所有的顶点都为活跃状态，当顶点接收到消息并需要计算的时候，保持活跃状态不变，当顶点没有接收到消息或者接收到了消息但是不需要计算时，将该顶点置为不活跃状态。

Pregel的出现进一步丰富了大数据处理的生态系统，有了Pregel之后，许多实际应用中涉及的大型图计算，如社会关系图等问题就有了更高效的计算。实际上，在实际应用中，经常需要将多种不同的计算框架结合起来以便满足不同的需求。

6.大数据查询技术

大数据查询技术众多，常用的种类如下：

（1）Hive。Hive构建在MapReduce之上，将结构化的数据映射为数据库表，提供了类似于SQL的查询功能。它的本质是将用户的HiveQL查询语句解析成一个或者多个MapReduce任务，通过完成MapReduce任务来完成SQL查询。因为查询语句的解析以及MapReduce任务的完成，对Hive用户都是透明的，所以Hive的出现极大地降低了工作人员的学习成本，也减少了大量编码的时间，提高了开发过程的效率。

习惯了使用传统数据库和SQL的工作人员也可以快速学习并掌握Hive，完成对系统中海量数据的查询和简单操作。实际上，在实际生产开发中，即使熟悉使用Java的工程师，也会优先使用Hive，因为Hive非常精简而且易于维护。

（2）Pig。Pig是为了简化MapReduce的使用。与Hive一样，Pig处理的流程也是将用户提交的简单的查询脚本转换成MapReduce任务之后执行。与Hive不同的是，Pig不是一个类似于SQL的语言，它有一定的学习成本，这也是Pig没有Hive流行的原因，但是Pig比Hive更加轻量化，也更加灵活，可以更加方便地嵌入其他应用程序中。

但是由于Hive和Pig都是基于MapReduce工作的，而MapReduce又会带来大量的延时，所以Hive和Pig都无法进行低延迟的查询。

（3）SparkSQL。SparkSQL的前身是Shark。跟Hive一样，Spark刚出来就受到很多人的喜爱，也让更多的Spark使用者越来越频繁地使用。于是，在拿到了投资之后，加州大学伯克利分校马上就着手开发一款完全独立的、属于自己的查询工具，这就是现在的SparkSQL。

SparkSQL对SQL语句的处理和关系型数据库类似，即词法/语法解析、绑定、优化、执行。SparkSQL会先将SQL语句解析成一棵树（Tree），然后使用规则（Rule）对Tree进行绑定、优化等处理过程。SparkSQL可以优化语法解析和逻辑执行计划生成的功能，使得SparkSQL在速度上进一步提高。SparkSQL也扩展了接口，除了支持Hive数据的查询，也支持多种数据格式加载后进行查询。

7.大数据分析技术

大数据分析技术是在处理完数据之后使用的，我们的目的是要将处理之后的数据变成对我们有用的信息。在大数据分析领域，出现了很多新兴的词汇，如数据分析、数据挖掘、机器学习和深度学习等，由于这些词汇概念模糊又容易混淆，所以下面先解释这些词汇的意思以及它们之间的区别。

（1）数据分析与数据挖掘。大数据分析与挖掘是指通过各种算法从大量的数据中找到潜在的有用信息，并研究数据的内在规律和相互间的关系。

第一，数据分析。从广义上来讲，任何对数据的分析行为都叫数据分析，所以数据挖掘也是一种数据分析，而一般说到的数据分析指的是狭义上的数据分析。数据分析就是根据分析的目的，用统计分析的方法来分析获取的数据，从中提取有用的信息。这其实就是一个通过数据浓缩提炼得到结论的过程。

第二，数据挖掘。数据挖掘是指从大量的数据中，通过机器学习等挖掘方法，找出隐藏在数据中的规律。

第三，数据分析和数据挖掘的区别。主要包括：①在数据量方面，数据分析对数据量没有要求，而数据挖掘的数据量非常大；②在目的方面，一般的数据分析都会带有一个明确的目的，为达到目的来对数据进行分析，而数据挖掘的目的不一定很明确甚至没有目的，最终得到的是大规模数据中隐藏的规律或者其他有价值的信息；③在应用方面，数据分析主要采用传统的统计学方法，一般是人的智力作用的结果；数据挖掘主要采用机器学习的方法，是机器从大量数据中得到的有价值的规律。此外，数据分析的对象往往是数字化的数据，而数据挖掘的对象可以是声音、图像等多种类型的数据。

（2）机器学习的方式与算法。

第一，机器学习的方式。大数据分析中最常用的方法就是机器学习，机器学习根据输入数据的有无标识，可以分成监督学习、无监督学习和半监督学习三种方式。

监督学习。监督学习是机器在处理实际数据之前，会通过一组带有标识的样本数据来进行训练，在达到一定条件下的最优模型之后，正式处理数据时将根据模型对输入数据分类，从而使机器具有对未知的数据进行分类的功能。

无监督学习。无监督学习是机器没有带标识的样本数据来进行训练，自己建模后直接对未知数据进行处理，并将不同特性的数据归类，使机器具有对未知的数据进行聚类的功能。

半监督学习。半监督学习是介于监督学习与无监督学习之间的情况。实际数据中往往是少量带有标识的数据和大量没有标识的数据，那么对于机器来说，它有两个样本集，一个样本集全部带有标识，另一个样本集全部没有标识。半监督学习关注的问题就是怎么结合少量数据的标识和大量无标识数据的整体分布，得到最优化的分类结果。

第二，机器学习的常见算法。机器学习涉及的算法有很多种，比较常用的有以下种类。

回归算法。回归算法是一种监督学习式的方法，通过已知的样本点集预测未知的回归公式的参数，并使其误差最小化。

决策树。决策树的原理是通过对已知数据的训练，构建树状的模型，其中树中的内部节点为属性测试节点，出边为测试输出，叶子节点为分类结果。通过构建决策树的模型，让数据分类更加直观，一次构建后可以重复使用。决策树也是一类监督学习式的算法。

贝叶斯方法。贝叶斯方法指的是基于贝叶斯原理的一类方法。贝叶斯方法就是计算某个对象的先验概率，然后通过贝叶斯原理计算出它的后验概率，并选择后验概率中最大的类作为该对象所属的类，从而对数据完成分类。

聚类算法。聚类算法就是对输入的未知数据按照特性的相似度进行归类，包含划分聚类、层次聚类、网格聚类和基于神经网络的聚类等。

深度学习。深度学习来源于对人工神经网络的研究，模拟人脑来解决深层结构的优化问题。深度学习结合监督学习和无监督学习，在每一层的结构中使用无监督学习，而在层与层之间采用监督学习进行优化调整。

8.大数据可视化技术

数据可视化是一种利用计算机图形学和计算机视觉等相关技术将数据以图形的形式显示出来，并通过图形展示出数据中隐藏的信息的一门技术。

（1）数据可视化的意义。在这个大数据的时代，数据可视化对商业的影响日益扩大。由于数据量过大，必须使用其他方法或者工具帮助我们来理解数据。其中最合适的方法就是整合数据，将数据以图形的形式展示出来。我们知道，人类通过五感获取外界的信息，其中绝大多数的信息通过视觉获取，而图形又是最利于人类获取的信息之一。

数据可视化就是将大规模数据整合压缩，用图形这种形象生动的方式使人们快速地理解和吸收数据中包含的信息，降低了理解大规模数据的成本。在企业中，决策者可以通过大数据可视化工程师处理完数据之后的图形，快速了解数据中的信息，并且迅速地对市场做出反应。

数据可视化技术需要和大数据分析技术相结合，与大数据的分析技术相辅相成。首先通过大数据分析技术利用机器分析数据，再通过数据可视化技术将分析的结果生成图形，最后人类参与进来，通过人类对数据的分析来补充，尽可能地挖掘出数据中所有有价值的信息，用来对未来发展趋势的预测和决策的支持。

总之，数据可视化是其中一种最为简单高效的方式，其核心就是帮助人们理解数据，这也是大数据可视化工程师和前端工程师的核心区别，大数据可视化工程师更侧重于对数据理解和分析的能力。大数据可视化展现是指利用可视化手段对数据进行分析，并将分析结果用图表或文字等形式展现出来，从而使读者对数据的分布、发展趋势、相关性和统计信息等一目了然。

（2）数据可视化的工具。得益于数据可视化在社会各方面的大量需求，目前市场上的数据可视化工具百花齐放。正因为有了这些各种各样的数据可视化工具，方便了使用各种编程语言甚至不会编程的人们进行数据可视化，从而更好地发挥出数据可视化的价值，让数据可视化更好地为人们服务。数据可视化工具旨在提供更简单的方法来降低人们进行数据可视化的门槛，但是有一定编程基础的话，可以更加灵活地写出更好的作品，所以最终在选用数据可视化工具时要根据具体的情况来选择使用哪一款工具。

（3）数据可视化的流程。进行可视化之前，首先需要做的就是数据的准备，当没有拿到足够的预期数据时，必须先想办法拿到所有预期的数据，在拿到了足够的预期数据之后，我们需要明确自己的目标，也就是希望从这些数据中获取什么信息；接着需要使用数据可视化的技术将海量的数据用形象生动的图形展示出来，比如用折线展示趋势、用饼图展示占比、用热力图展示最受欢迎的旅游景点等；最后，需要看看能不能根据可视化的结果达到最初的目的，当然也很有可能发现意想不到的、有价值的信息。

二、大数据时代档案用户需求的新特点

近年来，科学技术实现了新的突破，高度信息化的大数据时代影响着人类的工作和生活，也为档案管理工作带来新的挑战。大数据时代，档案管理系统急需更新升级，面对档案管理工作的新要求，需解决诸多问题。

在数字化和信息化的今天，要合理利用电子信息技术，以科学手段，建立完善的档案数据库，确保档案信息的准确性、完整性和安全性，满足各类档案用户的需求。而优化档案管理系统，提升电子档案的应用水平，可以更好地满足企事业单位需求。与传统的档案管理相比，档案管理系统不仅简化了档案的储存形式，而且改变了档案管理的工作方式，从流程到职能进行改进。档案信息化的管

理工作需要打破传统的壁垒，寻求新的技术突破，紧跟信息化建设和大数据管理模式的脚步，持续健康地推进变革，促进档案管理行业的发展。

第一，信息获取快捷性。随着快速变化时代的到来，用户对信息的需求呈现出迅速有效的趋势。在各种大量的这种结构、分布式数据资源中，需要方便地满足用户对文件信息的需求，在最短的时间内获得有效的文件信息，迅速处理问题，满足实际需要。

第二，检索手段多样性。在"互联网+"的环境背景下，技术手段不断革新，与传统的档案信息检索方法相比，目前的用户更希望借助"互联网+"大环境中的各种新兴技术及其所催生的智联平台，革新档案信息的检索、传递、查阅、咨询方式，使其满足客户端、移动设备软件、信息推送等服务需求，在用户的日常生活、学习及工作状态下，更有效、更快捷地获取档案信息，提高效率、整合资源，让各类服务直达用户的终端。

第三，档案信息知识性。在当今的知识爆炸环境下，用户们在查询档案信息的同时，还要被迫面对各平台中繁杂的碎片化信息，而此时知识需求才是用户更需要被满足的需求。因此，将档案信息进行归类、整理、汇总、简单分析并精准快速地送到用户终端，才可以实现档案的知识化，更好地满足用户需求。

第四，载体类型丰富性。随着信息传播媒介的多样化及技术革新，在用户对档案信息进行查询、使用的过程中，信息的表达更互联、更智能已成为新的诉求，而将传统的纸质资料与不断革新的电子档案整合、关联，并与"互联网+"的平台结合，便可以更全面地满足用户对全媒体、全维度信息查询使用的需求，同时也可以给用户带来更好的使用体验和革新档案数据的查询、使用的感受。

第五，档案知识信息易接近性。传统的档案信息有着严肃、古板的形象，一般用户对其有着天然的距离感，要想打破其固有印象，就需要从多方面着手，使得档案信息更完善、档案知识更易懂、档案查询更快捷。当用户可以运用碎片化时间有效获取档案信息，甚至可以在有需求时对档案知识进行沉浸式学习了解时，档案中的信息发挥作用，流动到人们的工作和生活中，彻底让档案"活了起来"。

三、大数据管理模式的特点

（一）拥有先进的技术管理手段

依托于现代信息技术的发展，传统的单一实体档案渐渐向数字化、电子化档案转变，在大数据环境下，档案管理部门可以更方便地建立起更先进、更科学的信息管理系统，进而有能力大范围、多形式地搜集、整合档案信息。另外，也可以更好地为用户提供档案信息查询等服务。除了先进的技术手段，大数据管理还有着管理模式方面的优势，在"互联网+"平台之下，更智能更科学的管理体系可以逐步完善。如果拥有足量的管理人才，档案信息便可以更快实现现代化管理，加之配套的硬件设施，便可逐步形成档案利用服务智能化、管理与服务一体化，使管理人员及用户在查询使用档案信息时更快捷、更精确。

（二）设置合理的现代化服务流程

传统的档案信息管理与服务需要依托于单一的实体档案，用户获取档案信息、办、取档案业务大多需要面对面与档案管理人员对接，程序繁杂，流程周期长。而随着目前档案数字化的完善，档案信息的业务流程也逐渐简化，电子档案相对于纸质档案，其传递媒介、内容形式都更加多样化，其查询整合的操作也更加便捷，"互联网+"的环境下，大数据平台中已逐步建立起革命性的现代化档案业务操办模式，更贴合用户需求，用户在办理档案业务时，可以基于网络进行查询，在PC、手机等终端都可以进入平台进行相关预约、操作，甚至可以进入网上办事大厅，无须通过繁杂的线下流程就可以快捷地办好自己的档案相关业务。在档案管理业务系统内部可通过大数据互联、共享档案信息、优化管理模式提高业务办理效率，更好满足用户需求。

（三）具有更大的档案利用价值空间

在"互联网+"背景下，档案编研及信息资源开发等档案资源利用的知识化，让档案信息的附属价值有了全新的定义，提高了档案利用价值的应用水平与发掘潜力。寻求档案的显性价值并发掘其附加价值，将其与信息资源有机融合，与用户需求匹配，便可加快档案信息的资源化利用进程。例如，全国很多县市等都留存有当地档案，比如县志、文书等档案资源，将其归纳整理，研究并合理开发，发展相应的产品线，打造上游文化、开发下游产品，形成完整的产业链，便是对其档案价值的开发利用。"互联网+"时代，现代化的档案管理体系正契合了快捷精准的档案信息需求，供需相互平衡，共同推动发展，也从侧面促进了档案利用价值的发掘和利用。

结束语

当今社会，可持续发展观得到了很好的应用。信息化建设给人力资源、档案管理带来了极大的便利，我们要在时代发展与社会进步的当下，更新管理观念，与时俱进，抓住发展良机，更新人力资源与档案管理理念。在提升组织自身信息化水平的同时，助力人力资源与档案管理工作由传统模式向信息化迈进，探索人力资源与档案管理的新型管理模式，为组织、社会创造更大的价值。

参考文献

一、著作类

[1]刘伟,刘国宁,中国职业经理人培训中心.人力资源[M].北京:中国言实出版社,2005.

[2]肖胜萍.人力资源[M].北京:中国纺织出版社,2002.

[3]彭良平.人力资源管理[M].武汉:湖北科学技术出版社,2021.

[4]穆胜.人力资源效能[M].北京:机械工业出版社,2021.

[5]夏天.人力资源管理案例分析[M].北京:冶金工业出版社,2022.

[6]宋岩,彭春凤,臧义升.人力资源管理[M].武汉:华中师范大学出版社,2020.

[7]诸葛剑平.人力资源管理[M].杭州:浙江工商大学出版社,2020.

[8]刘书生,陈莹,王美佳.人力资源体系与e-HR信息化建设[M].北京:中华工商联合出版社,2018.

[9]尹蔚民,人力资源和社会保障组织,孙宝树,等.人力资源和社会保障事业发展统计与信息化建设[M].北京:中国劳动社会保障出版社,2012.

[10]钟鑫,崔满城,狄悦.人力资源与档案管理[M].长春:吉林文史出版社,2019.

二、期刊类

[1]爱丹.新环境下人力资源和社会保障局档案管理策略研究[J].商业文化,2022,(16):33.

[2]鲍宜周.战略性人力资源管理及其理论基础[J].山西财经大学学报,2021,

43（S2）：6-9.

[3]陈奕.人力资源档案管理信息化的影响因素与建设对策研究[J].中国管理信息化，2019，22（20）：177-178.

[4]丁海斌.档案起源：过程说与根本作用说[J].山西档案，2020，（04）：16.鲁瑶.企业人力资源管理对人事档案管理工作的新要求[J].档案学通信，2006（04）：13.

[5]高立文.新环境下人力资源和社会保障局档案管理策略研究[J].黑龙江档案，2021，（04）：98-99.

[6]胡娟.人力资源和社会保障局个人档案管理的措施研究[J].办公室业务，2020，（05）：144+146.

[7]赖秀琴.浅谈企业档案在人力资源管理中的应用[J].档案管理，2018，（04）：93-94.

[8]冷延海.浅谈信息化时代人力资源和社会保障局的档案管理[J].办公室业务，2018，（11）：87.

[9]李硕.信息化时代人力资源和社会保障监察档案管理[J].现代农村科技，2022，（02）：113.

[10]李燕萍，李乐，胡翔.数字化人力资源管理：整合框架与研究展望[J].科技进步与对策，2021，38（23）：151-160.

[11]刘夫海.新形势下人力资源和社会保障局档案管理工作探讨[J].办公室业务，2019，（16）：125+135.

[12]刘静.人力资源和社会保障局档案管理人员职业道德建设研究[J].兰台内外，2021，（26）：67-69.

[13]娄秀娟.人力资源和社会保障局档案管理工作的实践与认识[J].管理观察，2019，（27）：66-67.

[14]罗文豪，霍伟伟，赵宜萱，王震.人工智能驱动的组织与人力资源管理变革：实践洞察与研究方向[J].中国人力资源开发，2022，39（01）：4-16.

[15]彭剑锋.企业"十四五"人力资源战略规划的十大命题：战略分析与要点把握[J].中国人力资源开发，2020，37（12）：8-16.

[16]邱茜，李姝婷.数字时代公共部门的人力资源管理：机遇、挑战与应对策略[J].中国行政管理，2021，（12）：44-51.

[17]尚航标，杨学磊，李卫宁.战略人力资源管理策略如何影响组织惯例更新——基于员工情感反应视角的解释[J].管理世界，2022，38（03）：162-182.

[18]宋忠芳.信息化时代人力资源和社会保障工作档案管理研究[J].黑龙江人力资源和社会保障，2022，（13）：152-154.

[19]王林辉，胡晟明，董直庆.人工智能技术、任务属性与职业可替代风险：来自微观层面的经验证据[J].管理世界，2022，38（07）：60.

[20]王涛.促进企业人力资源档案管理信息化的路径探究[J].中国集体经济，2022，（10）：108-109.

[21]韦雪荣.人力资源和社会保障局档案管理发展趋势初探[J].科学咨询（科技·管理），2020，（10）：45.

[22]谢小云，左玉涵，胡琼晶.数字化时代的人力资源管理：基于人与技术交互的视角[J].管理世界，2021，37（01）：200-216+13.

[23]许旭.大数据时代企业人力资源管理变革策略的分析[J].老字号品牌营销，2022，（06）：156.

[24]闫继光.人力资源管理服务质量内涵探讨[J].经济师，2022（12）：260.

[25]杨淑芬.人力资源档案管理信息化建设的必要性分析[J].办公室业务，2019，（12）：74.

[26]战炤磊.人力资源与产业结构耦合互动的绩效及影响因素研究[J].吉林大学社会科学学报，2018，58（04）：87-96+205.

[27]张凤.企业人力资源管理信息化建设的创新途径探索[J].中国商论，2020，（11）：83-84.

[28]张宏宇，郎艺，王震."制度"与"人"是互补还是替代？高绩效人力资源管理系统和领导支持对员工关系型心理契约的影响[J].管理评论，2021，33（12）：213-229.

[29]张正欣.人力资源和社会保障局双活数据中心容灾方案设计[J].电子技术与软件工程，2020，（24）：181-183.

[30]章凯，时金京.人力资源开发的人格途径：理论基础与管理启示[J].中国人力资源开发，2019，36（01）：152-163.

[31]赵曙明，张敏，赵宜萱.人力资源管理百年：演变与发展[J].外国经济与管理，2019，41（12）：50-73.

[32]赵文智，黄莉，姜逗逗.公共人力资源市场用工档案智慧服务路径探析[J].中国档案，2022，（09）：54-55.

[33]钟鑫，陈露，李晶，黄江燕.关系型人力资源管理实践述评与展望[J].中国人力资源开发，2022，39（11）：62-73.

[34]朱平利，万可可.发展型人力资源管理实践感知对员工即兴行为的影响[J].中国人力资源开发，2022，39（04）：83-95.

[35]祝剑鹰.员工培训模式与人力资源开发效果关系分析[J].投资与创业，2022，33（17）：116.

[36]左寅捷.基于企业核心战略的Z公司人力资源规划研究[D].上海：上海外国语大学，2014：1.